Impressum
Verlag: BABADADA GmbH, Nedderfeld 112 , 22529 Hamburg
Geschäftsführer / Verlagsleitung: Harald Hof
Druck: Books on Demand GmbH, In de Tarpen 42, 22848 Norderstedt

Imprint
Publisher: BABADADA GmbH, Nedderfeld 112 , 22529 Hamburg, Germany
Managing Director / Publishing direction: Harald Hof
Print: Books on Demand GmbH, In de Tarpen 42, 22848 Norderstedt, Germany

AF189529

# школа
# សាលារៀន

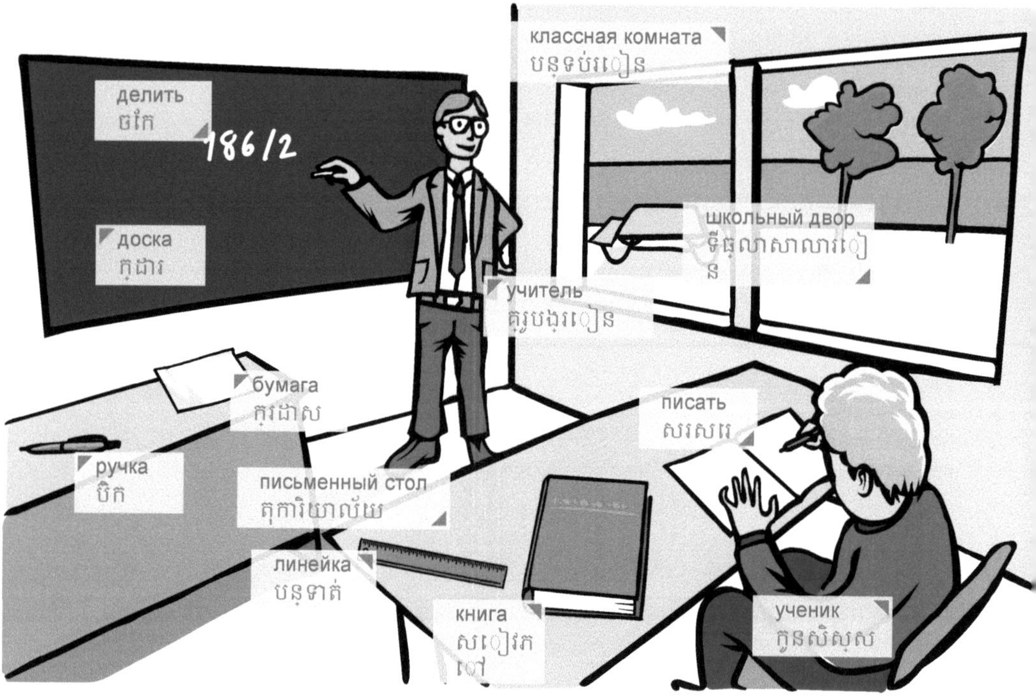

классная комната
បន្ទប់រៀន
делить
ចែក
186/2
доска
ក្ដារ
школьный двор
ទីធ្លាសាលារៀន
учитель
គ្រូបង្រៀន
бумага
ក្រដាស
писать
សរសេរ
ручка
ប៊ិក
письменный стол
តុការិយាល័យ
линейка
បន្ទាត់
книга
សៀវភៅ
ученик
កូនសិស្ស


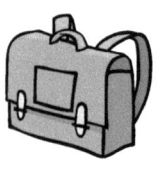

ранец

សម្ពៀតស្បែក

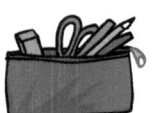

пенал

ប្រអប់ដាក់ខ្មៅដៃ

карандаш

ខ្មៅដៃ

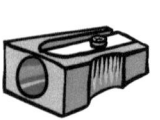

точилка

ប្រដាប់ខួងខ្មៅដៃ

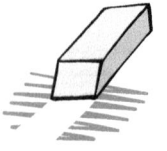

ластик

ជ័រលុប

альбом для рисования

ផ្ទាំងគំនូរ

рисунок

គំនូរ

кисточка

ជក់គូរ

коробка красок

ប្រអប់ថ្នាំលាប

ножницы

កន្ត្រៃ

клей

ការបិទ

тетрадь

សៀវភៅលំហាត់

домашняя работа

កិច្ចការផ្ទះ

**12**

цифра

លេខ

**2+2**

прибавлять

បូក

**5-2**

вычитать

ដក

**2×2**

умножать

គុណ

считать

គណនា

**A**

буква

លិខិត

ABCDEFG
HIJKLMN
OPQRSTU
VWXYZ

алфавит

អក្សរក្រម

**hello**

слово

ពាក្យ

текст

អត្ថបទ

читать

អាន

мел

ដីស

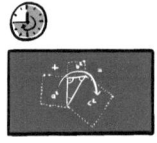

урок

មេរៀន

классный журнал

ចុះឈ្មោះ

экзамен

ការប្រលង

диплом

វិញ្ញាបនបត្រ

школьная форма

ឯកសណ្ឋានសាលា

образование

ការអប់រំ

энциклопедия

សព្វវចនាធិប្បាយ

университет

សាកលវិទ្យាល័យ

микроскоп

មីក្រូទស្សន៍

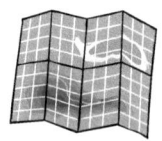

карта

ផែនទី

корзина для бумаг

កន្ត្រកដាក់សំរាមក្រដាស

школа - សាលារៀន

гостиница
សណ្ឋាគារ

*Grand*

турбаза
សណ្ឋាគារកម្សាន្ត

пункт обмена валюты
ការប្តូរលុយបរទេស

EXCHANGE

чемодан
វ៉ាលី

автомобиль
រថយន្ត

язык
ភាសា

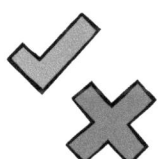

да / нет
បាទ / ទេ

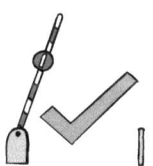

хорошо
យល់ព្រម

Привет
សាយ័ណ្ហសួស្តី!

переводчик
អ្នកបកប្រែ

Спасибо
សូមអរគុណ

Сколько стоит...?

ផុលប៉ុន្មាន... ?

Я не понимаю

ខ្ញុំមិនយល់

проблема

បញ្ហា

Добрый вечер!

ទិវាសួស្តី!

Доброе утро!

អរុណសួស្តី!

Доброй ночи!

រាត្រីសួស្ដី!

До свидания

លាហើយ

направление

ទិសដៅ

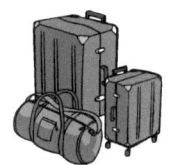

багаж

អ៊ីវ៉ាន់

сумка

កាបូប

рюкзак

កាបូបស្ពាយកូនោយ

гость

ភ្ញៀវ

комната

បន្ទប់

спальный мешок

ថង់ដេក

палатка

តង់

путешествие - ការធ្វើដំណើរ

туристическая
информация
ព័ត៌មានទេសចរណ៍

пляж
ឆ្នេរ

кредитная карточка
កាតឥណទាន

завтрак
អាហារពេលព្រឹក

обед
អាហារថ្ងៃត្រង់

ужин
អាហារពេលល្ងាច

билет
សំបុត្រ

лифт
ជណ្ដើរយន្ដ

почтовая марка
តែម

граница
ព្រំដែន

таможня
គយ

посольство
ស្ថានទូត

виза
ទិដ្ឋាការ

паспорт
លិខិតឆ្លងដែន

# транспорт
# ការដឹកជញ្ជូន

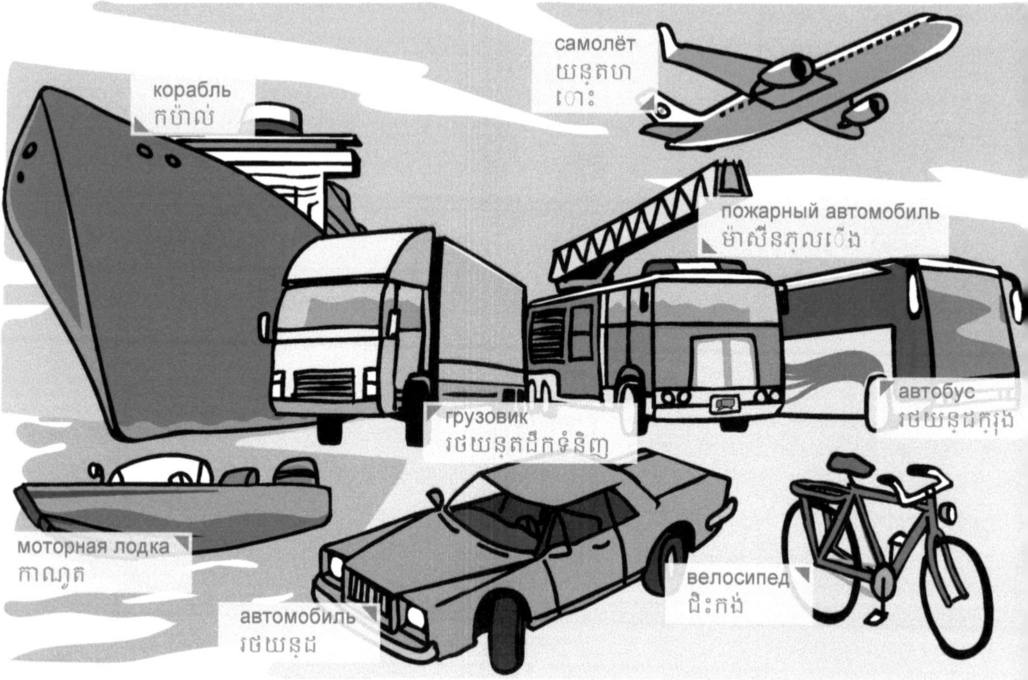
самолёт
យន្តហោះ
корабль
កប៉ាល់
пожарный автомобиль
ម៉ាសីនភ្លើង
автобус
រថយន្តក្រុង
грузовик
រថយន្តដឹកទំនិញ
моторная лодка
កាណូត
велосипед
ជិះកង់
автомобиль
រថយន្ត

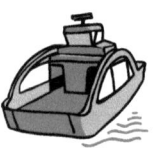

паром
សាឡាង

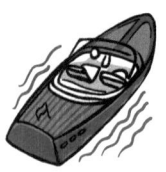

лодка
ទូក

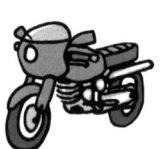

мотоцикл
ម៉ូតូ

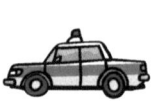

полицейский автомобиль
រថយន្តប៉ូលិស

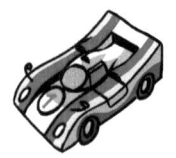

гоночный автомобиль
រថយន្តប្រណាំង

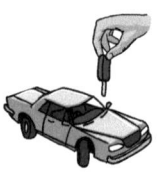

арендованный автомобиль
រថយន្តជួល

совместное пользование
автомобилями

ការចែករំលែករថយន្ត

буксировочный
автомобиль

ឡានស្ទូច

мусоровоз

ឡានបុរមូលសំរាម

двигатель

ម៉ូតូ

топливо

បុរេងឥន្ធនៈ

заправка

ស្ថានីយបុរេង

дорожный знак

សុលាកសញ្ញាចរាចរណ៍

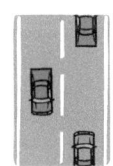

движение

ការធ្វើ ចរាចរណ៍

пробка

កកស្ទះចរាចរណ៍

автостоянка

ចំណត

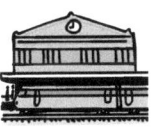

вокзал

ស្ថានីយរថភ្លើង

рельсы

ផ្លូវដែកកែ

поезд

រថភ្លើង

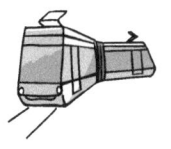

трамвай

រថអគ្គីសនី

вагон

ទូរថភ្លើង

вертолёт

ឧទ្ធម្ភាគចក្រ

аэропорт

ព្រលានយន្តហោះ

вышка

ប៉ម

пассажир

អ្នកដំណើរ

контейнер

កុងតឺន័រ

коробка

ករដាសកាតុង

тележка

រទេះ

корзина

កញ្ចប់

взлетать / приземляться

ហោះឡើង / ចុះ

# город

## ទីក្រុង

деревня

ភូមិ

центр города

កណ្ដាលទីក្រុង

дом

ផ្ទះ

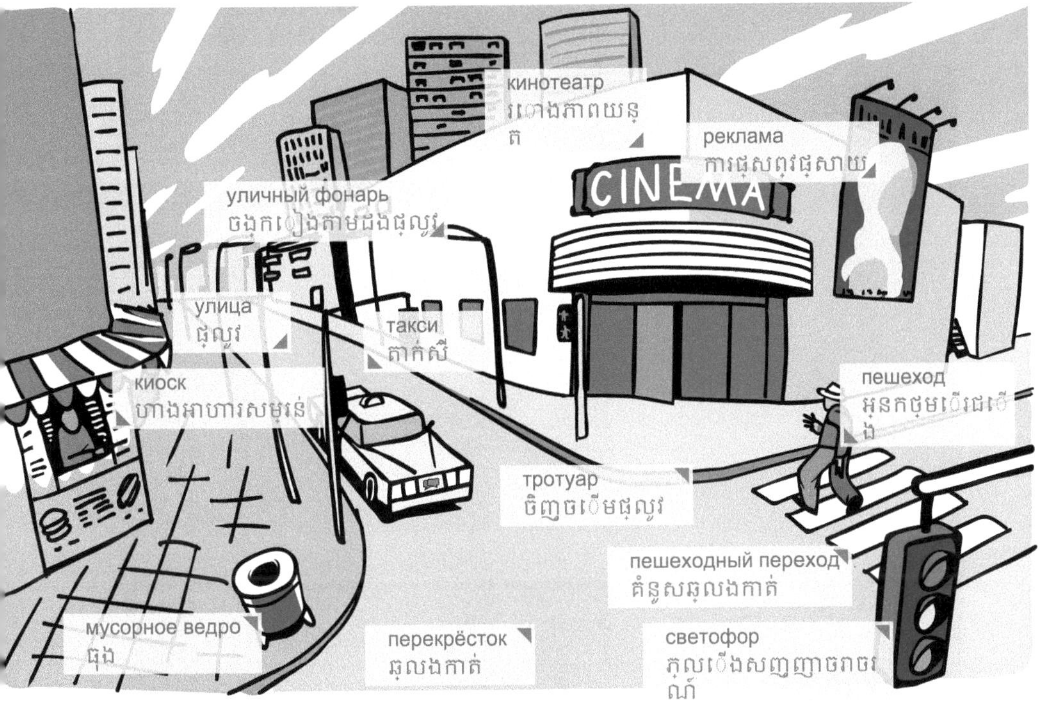

кинотеатр
រោងភាពយន្ត
реклама
ការផ្សព្វផ្សាយ
CINEMA
уличный фонарь
ចង្កៀងតាមដងផ្លូវ
улица
ផ្លូវ
такси
តាក់ស៊ី
киоск
ហាងអាហារសម្រន់
пешеход
អ្នកថ្មើរជើង
тротуар
ចិញ្ចើមផ្លូវ
пешеходный переход
គំនូសឆ្លងកាត់
мусорное ведро
ធុង
перекрёсток
ឆ្លងកាត់
светофор
ភ្លើងសញ្ញាចរាចរណ៍

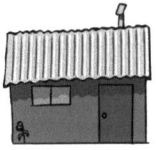

хижина

ខ្ទម

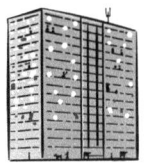

квартира

ផ្ទះល្វែង

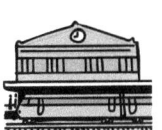

вокзал

ស្ថានីយរថភ្លើង

ратуша

សាលាក្រុង

MUSEUM

музей

សារមន្ទីរ

школа

សាលារៀន

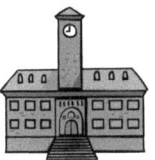

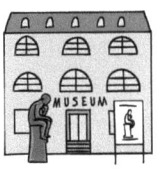

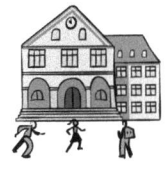

университет

 សាកលវិទ្យាល័យ

банк

ធនាគារ

больница

មន្ទីរពេទ្យ

гостиница

សណ្ឋាគារ

аптека

ឱសថស្ថាន

офис

ការិយាល័យ

книжный магазин

ហាងលក់សៀវភៅ

магазин

ហាង

цветочный магазин

ហាងផ្កា

супермаркет

ផ្សារទំនើប

рынок

ទីផ្សារ

универмаг

ហាងទំនិញ

торговец рыбой

ហាងលក់ត្រី

торговый центр

មជ្ឈមណ្ឌលផ្សារទំនើប

порт

កំពង់ផែ

| | | |
|---|---|---|
|  |  |  |
| парк<br>ឧទ្យាន | скамейка<br>បង្គ | мост<br>ស្ពាន |
|  |  |  |
| лестница<br>ជណ្ដើរ | метро<br>ផ្លូវក្រោមដី | тоннель<br>ផ្លូវរូងក្រោមដី |
|  |  |  |
| автобусная остановка<br>ចំណតរថយន្តក្រុង | бар<br>បារ | ресторан<br>ភោជនីយដ្ឋាន |
|  |  |  |
| почтовый ящик<br>ប្រអប់សំបុត្រ | табличка с названием<br>улицы<br>សញ្ញាតាមដងផ្លូវ | паркометр<br>ឧបករណ៍ប៉ុមួលផុលថៃណាត |
|  | 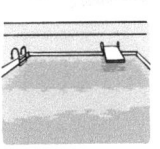 |  |
| зоопарк<br>សួនសត្វ | бассейн<br>អាងហែលទឹក | мечеть<br>វិហារអ៊ីស្លាម |

ферма

កសិដ្ឋាន

загрязнение окружающей среды

ការបំពុល

кладбище

វាលកប់ខ្មោច

церковь

ព្រះវិហារ

детская площадка

គ្រឿងលេងកុមារនៅសួន

храм

បុរាសាទ

## ландшафт
## ទេសភាព

лист
ស្លឹក

дорожный указатель
សញ្ញាប្រាប់ទិសដៅ

дорога
ផ្លូវ

луг
វាលស្មៅ

камень
ដុំថ្ម

путешественник
អ្នកឡើងភ្នំ

дерево
ដើមឈើ

река
ទន្លេ

трава
ស្មៅ

цветок
ផ្កា

долина

ជ្រលងភ្នំ

гора

កូនភ្នំ

озеро

បឹង

лес

ព្រៃឈើ

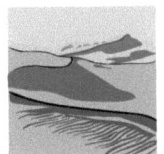

пустыня

វាលខ្សាច់

вулкан

ភ្នំភ្លើង

замок

គ្រឿងកុប្បី

радуга

ឥន្ធនូ

гриб

ផ្សិត

пальма

ដើមត្នោត

комар

មូស

муха

រុយ

муравей

ស្រមោច

пчела

សត្វឃ្មុំ

паук

ពីងពាង

жук

សត្វកញ្ជ្រៃ

лягушка

កង្កែប

белка

កំប្រុក

еж

សត្វកាំបុរមា

заяц

ទន្សាយសុលិក

сова

សត្វទីទុយ

птица

បក្សី

лебедь

ហង្ស

кабан

ជ្រូក

олень

សត្វក្តាន់

лось

សត្វក្តាន់

плотина

ទំនប់

ветряной генератор

កង្ហារខ្យល់

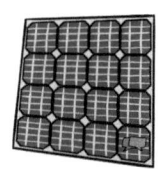

солнечная батарея

បន្ទះសូឡា

климат

អាកាសធាតុ

# ресторан
## ភោជនីយដ្ឋាន

официант
អ្នករត់តុ

меню
ម៉ឺនុយ

стул
កៅអី

суп
ស៊ុប

пицца
ភីហ្សា

столовые приборы
កាំបិត

скатерть
កម្រាលតុ

закуска
អាហារសមុរន់

главное блюдо
អាហារសំខាន់

десерт
បង្អែម

напитки
ភេសជ្ជៈ

еда
អាហារ

бутылка
ដប

фастфуд

អាហារបហ័ស

уличная еда

អាហារតាមផ្លូវ

чайник

ប៉ាន់តី

сахарница

ប្រអប់ស្ករ

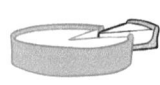

порция

ចំណែក

кофеварка

ម៉ាស៊ីនតុងកាហ្វេអ៊ិចស្ព្រេស្សូ

детский стульчик

កៅអីខ្ពស់

счет

វិក្កយបត្រ

поднос

ថាស

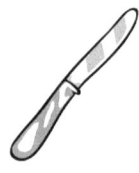

нож

កាំបិត

вилка

សម

ложка

ស្លាបព្រា

чайная ложка

ស្លាបព្រាកាហ្វេ

салфетка

កន្សែងជូតខ្លួន

стакан

កែវ

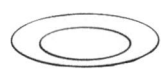

тарелка

ចានទាប

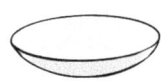

суповая тарелка

ចានស៊ុប

блюдце

ចានទុរនាប់

соус

ទឹកជ្រលក់

солонка

ដបអំបិល

мельница для перца

បុរដាប់កិនម្រេច

уксус

ទឹកខ្មេះ

масло

បុរងៃ

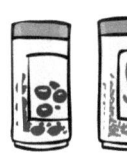

специи

គ្រឿងទេស

кетчуп

ទឹកប់ឈ្បរ់ហោះ

горчица

ម៉្ទាក

майонез

ទឹកមយៅណៈ

# супермаркет
# ផ្សារទំនើប

специальное предложение
ការផ្តល់ជូនពិសេស
FOR
покупатель
អតិថិជន
молочные продукты
ទឹកដោះគោ
фрукты
ផ្លែឈើ
тележка для покупок
រទេះរុញ


BUTCHERS


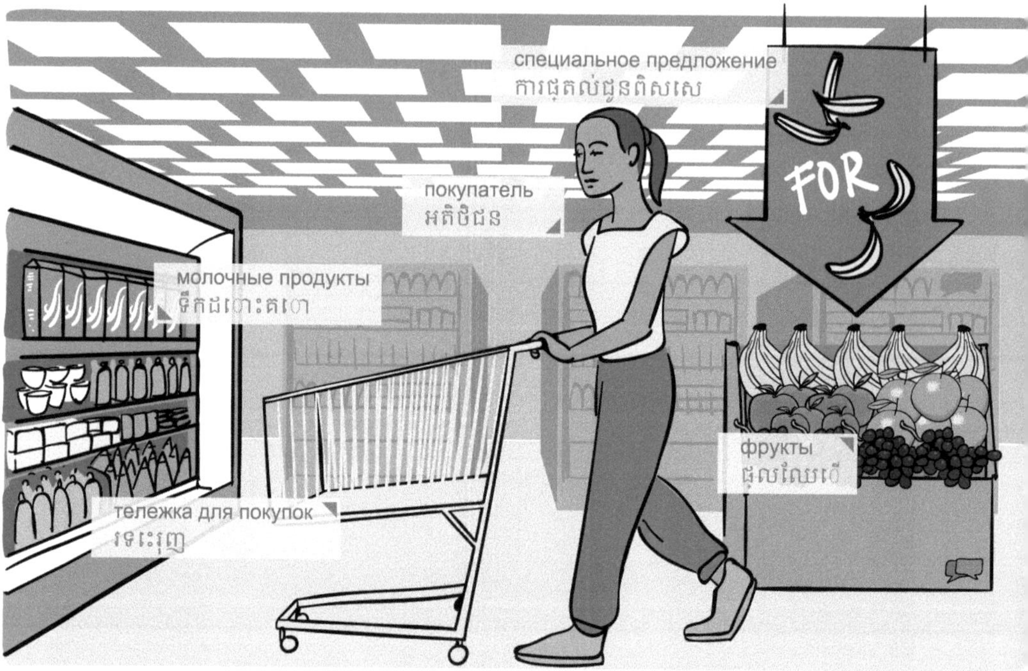

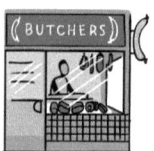

мясной магазин

ហាងកាប់ជ្រូក

BAKERY

пекарня

ហាងដុតនំ

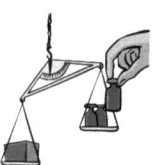

взвешивать

ថ្លឹង

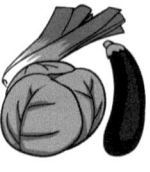

овощи

បន្លែ

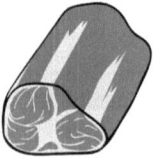

мясо

សាច់

быстрозамороженные продукты

អាហារក្លាស្រស់

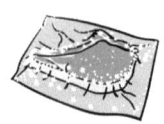

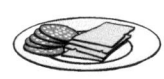

нарезка

សាច់កុលាសរ

консервы

អាហារកំប៉ុង

стиральный порошок

មុសរៅឡាង

сладости

សុអរតួរប់

предмет домашнего обихода

ផលិតផលក្នុងតួរសារ

моющее средство

ផលិតផលសមុអាត

продавщица

អូនកលក

касса

ថតដាក់លុយ

кассир

បវ្ល្យា

список покупок

បញ្ជីទិញទំនិញ

время работы

ម៉ោងធ្វើការ

бумажник

កាបបលុយបុរស

кредитная карточка

កាតឥណទាន

сумка

ថង់

полиэтиленовый пакет

ថង់បុលាស្ទិច

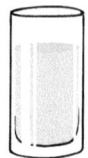

вода

ទឹក

сок

ទឹកផ្លែឈើ

молоко

ទឹកដោះគោ

кока-кола

កូកាកូឡា

вино

ស្រា

пиво

ស្រាបៀរ

алкоголь

គ្រឿងស្រវឹង

какао

កាកាវ

чай

តែ

кофе

កាហ្វេ

эспрессо

កាហ្វេអែិចស្ព្រេសសូ

капучино

កាហ្វេកាពូឈីណូ

банан

ចេក

яблоко

ផ្លែប៉ោម

апельсин

ផ្លែក្រូច

арбуз

ឪឡឹក

лимон

ក្រូចឆ្មា

морковь

ការ៉ុត

чеснок

ខ្ទឹម

бамбук

ប្ផស្សី

лук

ខ្ទឹមបារាំង

гриб

ផ្សិត

орехи

គ្រាប់ផ្លែឈើ

лапша

មី

спагетти

មីអីតាល់

рис

ហាយ

салат

សាឡាត់

картофель фри

ដំឡូងចៀន

жареный картофель

ដំឡូងចៀន

пицца

ភីហ្សា

гамбургер

ប៊ឺហ្គឺ

сэндвич

សាំងវិច

шницель

សាច់ជាប់ឆ្អឹងជំនី

ветчина

ហាំ

салями

សាឡាម៉ី

колбаса

សាច់ក្រក

курица

សាច់មាន់

жаркое

អាំង

рыба

ត្រី

еда - អាហារ

овсяные хлопья

អាវ៉ែនបបរ

мюсли

មុឃ្យីសុលី

кукурузные хлопья

ដំឡ្យូងចំណិត

мука

មុសរ៉ៅ

круассан

នំគ្រួសង់

булочка

នំប៉័ងមុឃ្យាងមូលតូចៗ

хлеб

នំប៉័ង

тост

អាំង

печенье

នំប៊ីស្គី

масло

ប៊ីរ

творог

ទឹកដោះខាប់

пирог

នំខេក

яйцо

ស៊ុត

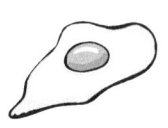

яичница

ស៊ុតចៀន

сыр

ឈីស

мороженое

ការ៉េម

сахар

ស្ករ

мёд

ទឹកឃ្មុំ

мармелад

ជំណាប់

крем с нугой

ក្រែមតាំងម៉ៃ

карри

ការី

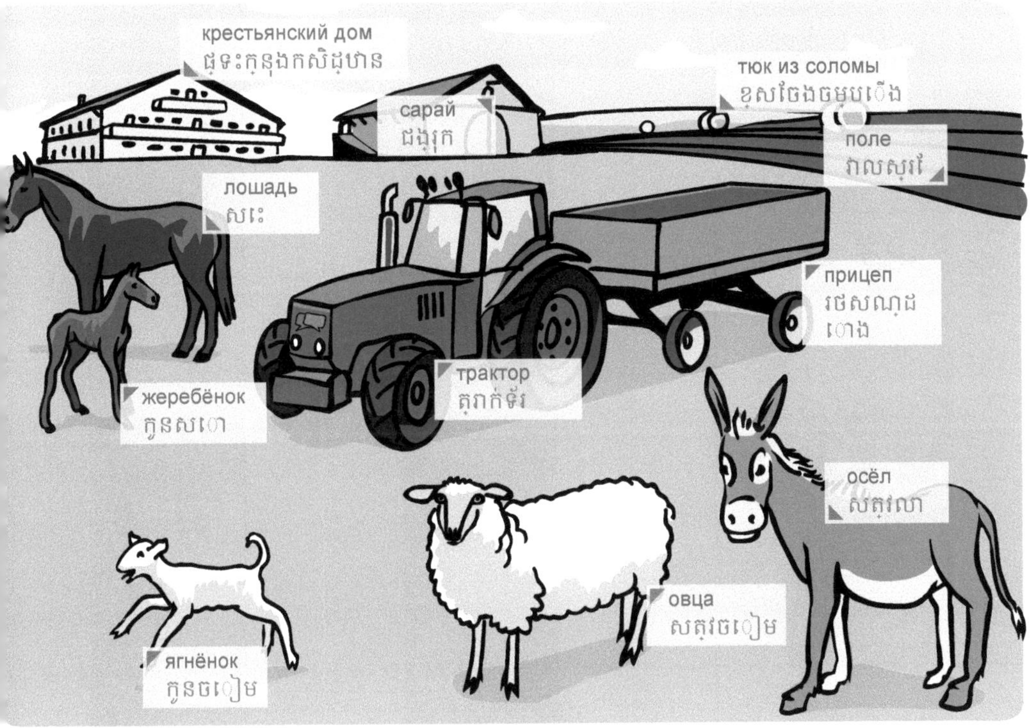

крестьянский дом
ផ្ទះក្នុងកសិដ្ឋាន

сарай
ជង្រុក

тюк из соломы
ខ្សែចងចម្រុះ៉ើង

поле
វាលស្រែ

лошадь
សេះ

прицеп
រថសណ្ដជ ៉ោង

жеребёнок
កូនសេះ

трактор
ត្រាក់ទ័រ

осёл
សត្វលា

ягнёнок
កូនចៀម

овца
សត្វចៀម

коза

ពពែ

корова

គោញី

телёнок

កូនគោ

свинья

ជ្រូក

поросёнок

កូនជ្រូក

бык

គោឈ្មោល

гусь

សត្វក្ងាន

утка

ទា

цыплёнок

កូនមាន់

курица

មមាន់

петух

មាន់ឈ្មោល

крыса

កណ្តុរ

кошка

ឆ្មា

мышь

កណ្ដុរបុរមេះ

вол

គោឈ្មោល

собака

ឆ្កែ

конура

ផ្ទះឆ្កែ

садовый шланг

ទុយោទឹក

лейка

ធុងស្រោចទឹក

коса

ខ្សែបេក

плуг

នង្គ័ល

серп

កណ្ដៀវ

мотыга

ចបកាប់

навозные вилы

រនាស់

топор

ពូថៅ

тачка

រទេះរុញ

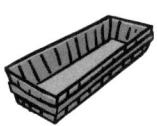

корыто

សុន្ទក

бидон для молока

កំប៉ុងទឹកដោះគោ

мешок

ហាវ

забор

របង

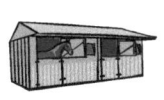

хлев

កូនរោល

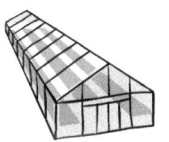

теплица

ផ្ទះកញ្ចក់

почва

ដី

посев

គ្រាប់ពូជ

удобрение

ជី

комбайн

ម៉ាស៊ីនបុម្រួលផល

собирать урожай

បូរមួលផល

урожай

ការបូរមួលផល

ямс

ដំឡូងជួក

пшеница

ស្រូវសាលី

соя

សណ្ដែកសៀង

картофель

ដំឡូងជួក

кукуруза

ពោត

рапс

គ្រាប់បូរេង៉បៃ

фруктовое дерево

ដេីមឈេីហូបផលវ

маниок

ដំឡូងមី

злаки

ធញ្ញជាតិ

дымоход
បំពង់ផ្សែង

крыша
ដំបូល

водосточный желоб
ទុយបង់ហូរទឹក

окно
បង្អួច

гараж
ហ្គារ៉ាស់

звонок
កណ្ដឹងទ្វារ

дверь
ទ្វារ

мусорное ведро
ធុងសំរាម

почтовый ящик
ប្រអប់សំបុត្រ

сад
សួនច្បារ

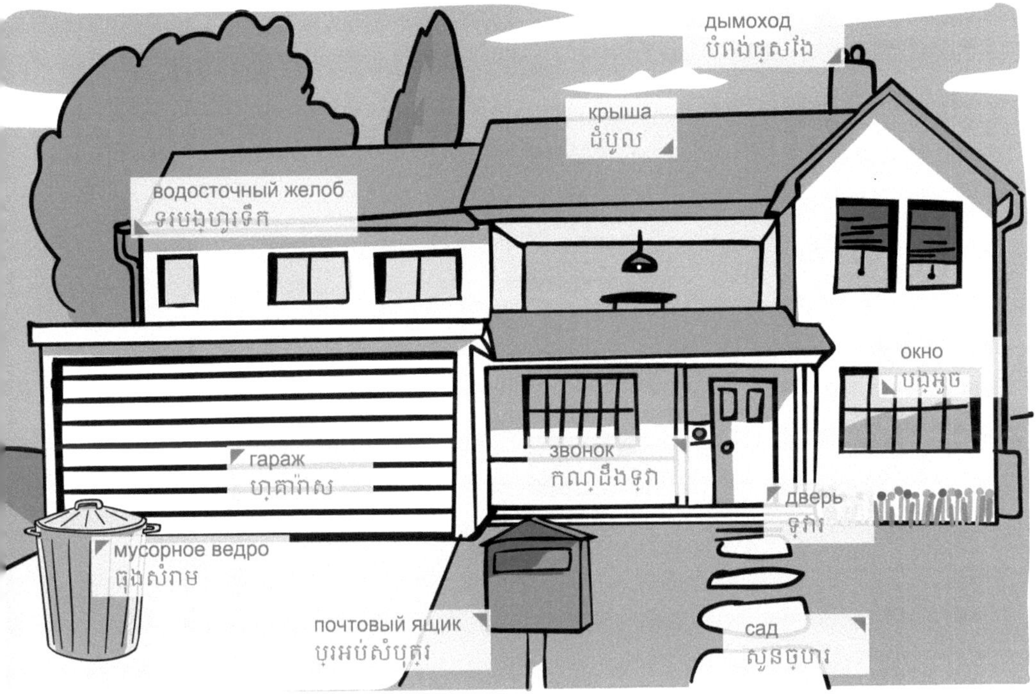

гостиная
បន្ទប់ទទួលភ្ញៀវ

ванная комната
បន្ទប់ទឹក

кухня
ផ្ទះបាយ

спальня
បន្ទប់គេង

детская комната
បន្ទប់របស់កុមារ

столовая
បន្ទប់ទទួលទានអាហារ

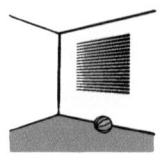

пол

ជាន់

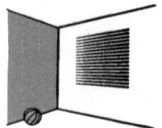

стена

ជញ្ជាំង

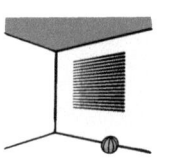

потолок

ពិដាន

подвал

បន្ទប់ក្រោមដី

сауна

សូណា

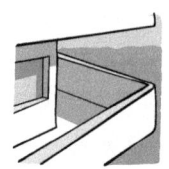

балкон

យ៉រ

терраса

ផ្ទះវៃបសុមេរ៉ៃនទៅជមុាល
ក្នុនី

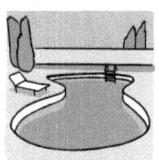

бассейн

អាងហាលែទឹក

газонокосилка

ម៉ាស៊ីនកាត់សុមទៅ

пододеяльник

សន្លឹក

покрывало

កម្រាលគ្របៃគេ

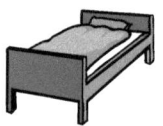

кровать

គ្រែ

метла

អំបោស

ведро

ធុង

выключатель

កុងតាក់

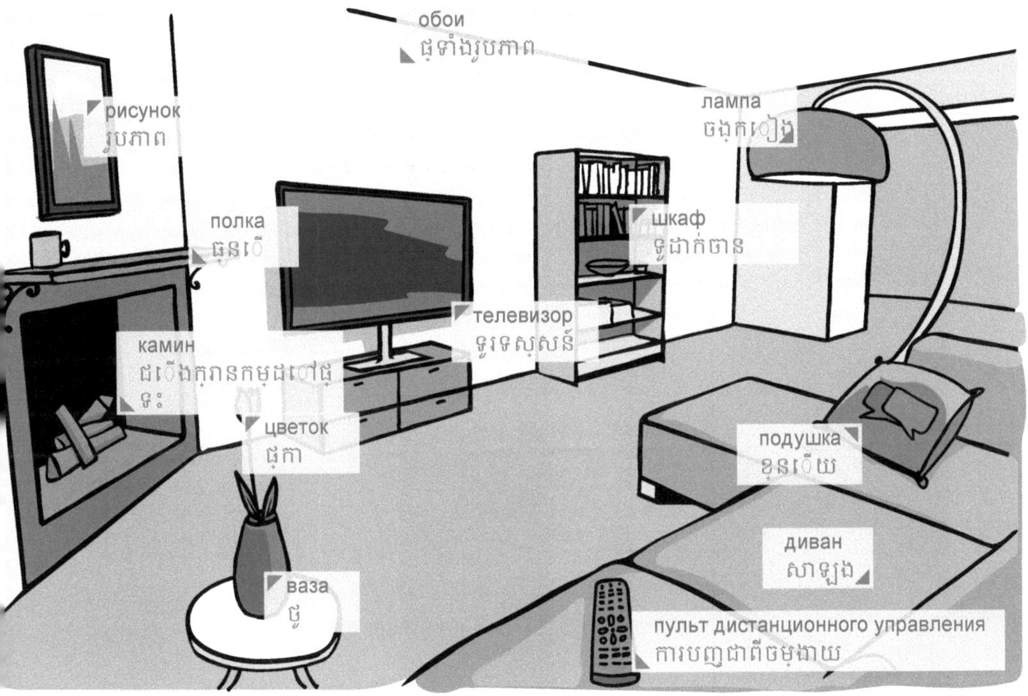

обои
ផ្ទាំងរូបភាព

лампа
ចង្កៀង

рисунок
រូបភាព

полка
ធ្នើរ

шкаф
ទូដាក់ចាន

камин
ជញ្ជាំងក្បាលកម្តៅផ្ទះ
ទ៖

телевизор
ទូរទស្សន៍

цветок
ផ្កា

подушка
ខ្នើយ

диван
សាឡុង

ваза
ថូ

пульт дистанционного управления
ការបញ្ជាពីចម្ងាយ

ковёр
កម្រាលព្រំ

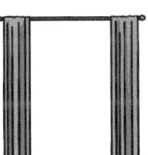

штора
វាំងនន

стол
តុ

стул
កៅអី

кресло-качалка
កៅអីបោកបែបើក

кресло
កៅអីកូនដៃ

книга

សៀវភៅ

покрывало

ភួយ

украшение

ការតុបតែង

дрова

អុសដុត

фильм

ខ្សែភាពយន្ត

стереосистема

ឧបករណ៍ Hi-Fi

ключ

កូនសោ

газета

កាសែត

картина

គំនូរ

плакат

ផ្ទាំងរូបភាព

радио

វិទ្យុ

блокнот

ណូតផតគេ

пылесос

ម៉ាស៊ីនបូមធូលី

кактус

ដំបងយក្ស

свеча

ទៀន

гостиная - បន្ទប់ទទួលភ្ញៀវ

# кухня
## ផ្ទះបាយ

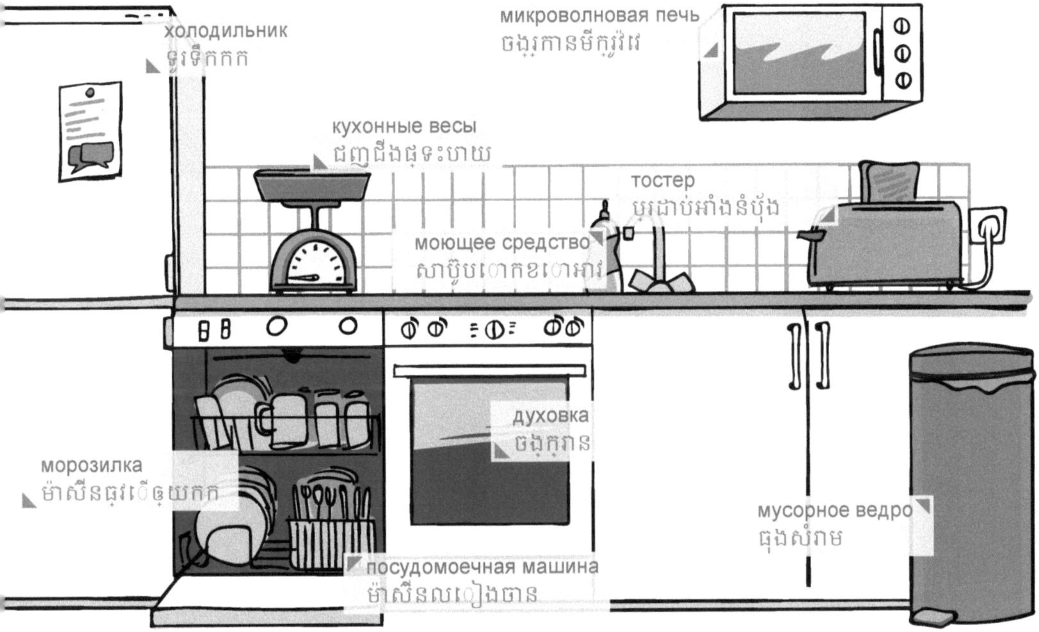
холодильник
ទូរទឹកកក
микроволновая печь
ចង្ក្រានមីក្រូវ៉េវ
кухонные весы
ជញ្ជីងផ្ទះបាយ
тостер
ប្រដាប់អាំងនំប៉័ង
моющее средство
សាប៊ូបោកខោអាវ
духовка
ចង្ក្រាន
морозилка
ម៉ាស៊ីនធ្វើឲ្យកក
мусорное ведро
ធុងសំរាម
посудомоечная машина
ម៉ាស៊ីនលៀងចាន

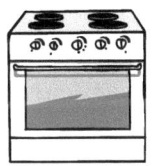

плита
ចង្ក្រាន

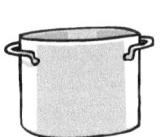

кастрюля
ឆ្នាំង

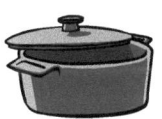

чугунный котелок
ឆ្នាំងដែក

вок / кадай
ខ្ទះ / ខ្ទះឥណ្ឌា

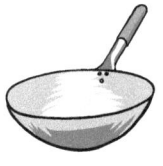

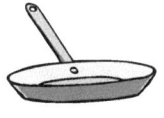

сковорода
ខ្ទះ

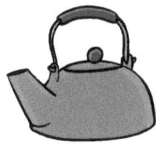

чайник
កំសៀវ

пароварка

ឆ្នាំងចំហុយ

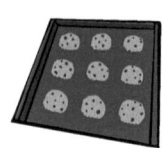

противень

ថាសដុតនំ

посуда

គ្រឿងប្រដាប់ចានឆ្នាំងជ

кружка

ថ្វ

миска

ចានគោម

палочки для еды

ចង្កឹះ

половник

វែកសមុល

лопатка

វែកគ្រូ

сбивалка

ប្រដាប់វាយកូនឡ្បក

сито

តម្រង

сито

កន្ត្រង

тёрка

ប្រដាប់កោសដូង

ступка

គ្រុហាល់

гриль

ការអាំងសាច់

костёр

ចង្ក្រានចំហ

доска

ដុរញ្ញ

скалка

បុរដោប់កិនម្សៅ

штопор

បុរដោប់ម្សៅបេើកឆ្នុកកសុរា

жестяная банка

កំប៉ុង

консервный нож

បុរដោប់បេើកកំប៉ុង

прихватка

ក្រណាត់ទ្រាប់ឆ្នាំង

раковина

កន្លែងលាងចាន

щетка

ជក់

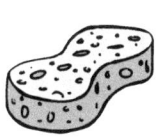

губка

អប្បុង

миксер

ម៉ាសីនកូរឡ្បក

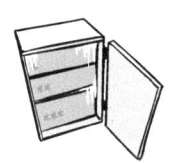

морозильная камера

ទូរទឹកកកខ្នាតតូច

бутылочка для кормления

ដបទឹកដោះគោ

кран

រ៉ូប៊ីណេ

# ванная комната
# បន្ទប់ទឹក

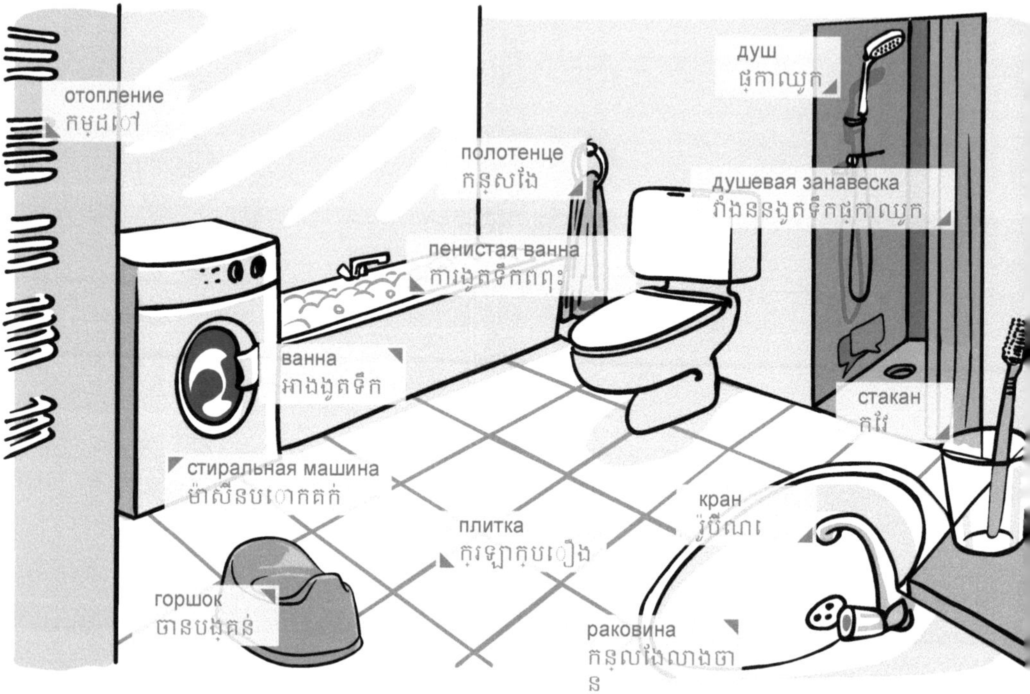

отопление
កម្ដៅ
полотенце
កន្សែង
душ
ផ្កាឈូក
душевая занавеска
វាំងននងូតទឹកផ្កាឈូក
пенистая ванна
ការងូតទឹកពពុះ
ванна
អាងងូតទឹក
стакан
កែវ
стиральная машина
ម៉ាស៊ីនបោកគក់
кран
រ៉ូប៊ីណេ
плитка
ក្រឡាក្បឿង
горшок
ចានបង្គន់
раковина
កន្លែងលាងចាន


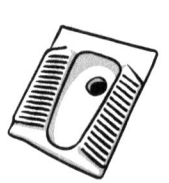

туалет

បង្គន់

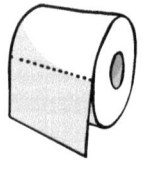

напольный унитаз

បង្គន់អង្គុយ

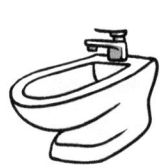

биде

ផើងជម្រះកាយ

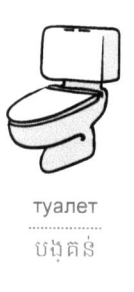

писсуар

ក្លាំទឹកនោម

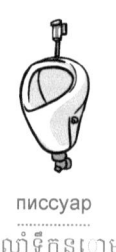

туалетная бумага

ក្រដាសបង្គន់

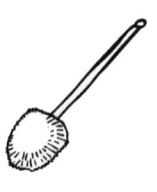

ершик

ច្រាសដុសបង្គន់ន

зубная щетка
ច្រាសដុសធ្មេញ

зубная паста
ថ្នាំដុសធ្មេញ

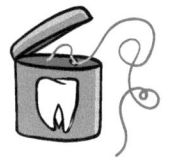

зубная нить
ខ្សែទាក់សម្អាតធ្មេញ

мыть
លាង

ручной душ
ឬដោបដាក់ដៃផ្សែកាឈ្នុក

интимный душ
ទឹកថ្នាំសម្រាប់ហាញ់លាង

таз
អាង

щетка для спины
ច្រាសដុសខ្នង

мыло
សាប៊ូ

гель для душа
ជែលសម្រាប់ងូតទឹកផុសកាឈ្នុក

шампунь
សាប៊ូ

мочалка
សក្លាត

сток
បំពង់បង្ហូរទឹក

крем
ក្រែម

дезодорант
ថ្នាំបំបាត់ក្លិនអាក្រក់

зеркало

កញ្ចក់

ручное зеркало

កញ្ចក់ដៃ

бритва

បរិដាប់កោរ

пена для бритья

ហ្វូមកោរពុកមាត់

лосьон после бритья

ទឹកលាងក្រោយកោរពុកមាត់រួច

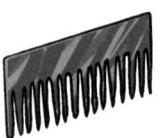

расческа

កូរស

щетка

ជក់

фен

បរិដាប់សម្ងួតសក់

лак для волос

ស្ព្រាយបាញ់សក់

косметика

ការតុបតែងមុខ

губная помада

កូរម៉ែលាបមាត់

лак для ногтей

ថ្នាំលាបក្រចក

вата

សំឡីកប្បាស

маникюрные ножницы

កន្ត្រៃកាត់ក្រចក

духи

ទឹកអប់

косметичка

កាបូបបរិកោកតាក់

табуретка

ឈាមក

весы

ជញ្ជីងចូលទម្ងន់

халат

អាវពាក់ងូតទឹក

резиновые перчатки

ស្រោមដៃកៅស៊ូ

тампон

ឈ្នុក

гигиеническая прокладка

កន្សែងអនាម័យ

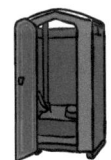

биотуалет

បង្គន់គីមី

# детская комната
# បន្ទប់របស់កុមារ

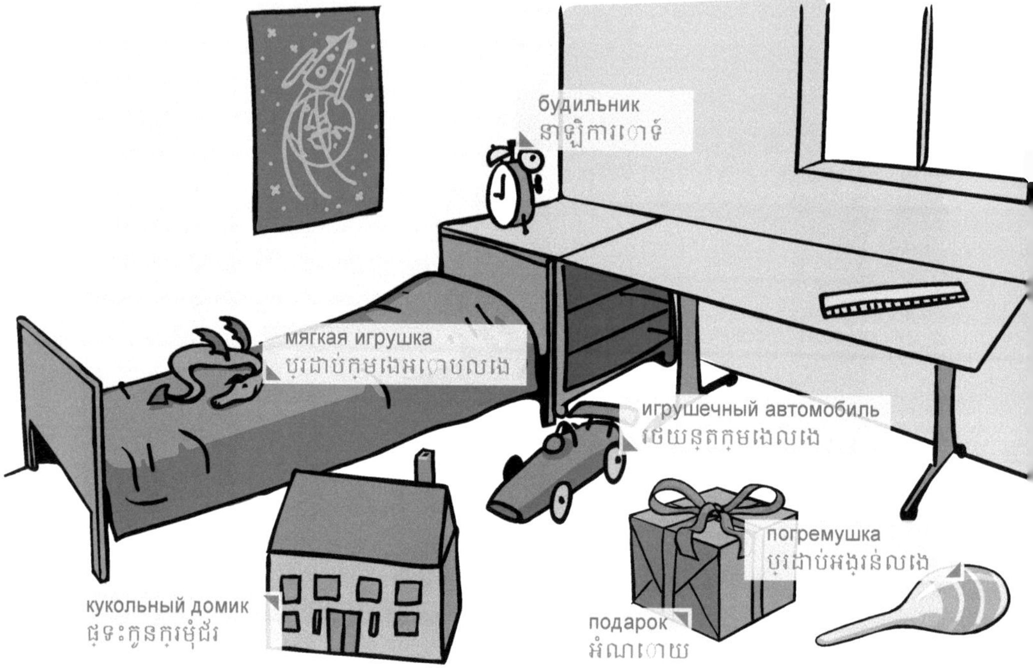

будильник
នាឡិការោទ៍
мягкая игрушка
ប្រដាប់ក្មេងអោបលេង
игрушечный автомобиль
រថយន្តក្មេងលេង
погремушка
ប្រដាប់អង្រន់លេង
кукольный домик
ផ្ទះកូនក្រមុំជ័រ
подарок
អំណោយ

воздушный шар
ប៉េងប៉ោង

кровать
គ្រែ

детская коляска
រទេះរុញទារក

карточная игра
ហ៊្វបៀ

пазл
រូបផ្គុំ

SUPER MEGA

комикс
កំប្លែង

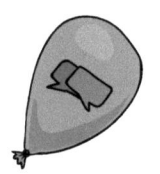

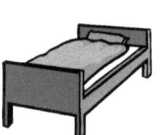

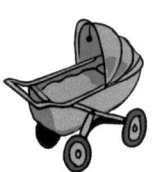

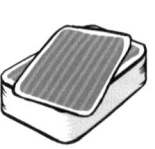

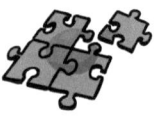

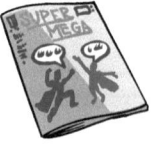

кирпичики Лего

ផ្ដុំ Lego

кубики

បុ្លុកបុរដោប់កុមវែងលវែង

игрушечная фигурка

តួលខេសកម្មភាព

ползунки

ខោអាវទារក

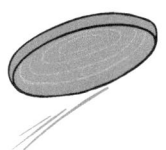

фрисби

ការគប់ចាស

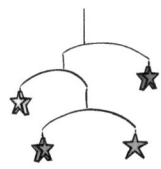

мобиле

ទូរស័ព្ទដៃ

настольная игра

ក្ដារលុបបែង

кубик

គ្រាប់ឡុកឡាក់

модель железной дороги

ឈុតរថភ្លើងគំរូ

соска

រូបសំណាក

вечеринка

គណបក្ស

книга с картинками

សៀវភៅរូបភាព

мяч

ហាល់

кукла

កូនក្រមុំតុក្កតា

играть

លេង

песочница

ណ្ដុងទៅខ្សាច់

качели

ទ្រេង

игрушка

ប្រដាប់ក្មេងលេង

игровая приставка

កុងស្សុលវីដេអ្វូហ្គេម

трёхколесный велосипед

គ្រីចក្រយានយន្ត

плюшевый медвежонок

តុក្កកខ្លាយម្មុំ

шкаф для одежды

ទូខោអាវ

носки

ស្រោមជើង

чулки

ស្រោមជើងវែង

колготки

ខោទ្បុនាប់នារី

шарф
កូរម៉ា

ремень
ខ្សែក្រវាត់

зонтик
ឆ័ត្រ

футболка
អាវយឺត

кроссовки
ស្បែកជើងហ៊ាតា

сапоги
ស្បែកជើងកវែង

тапки
ស្បែកជើងពាក់នៅ
ទ៖

сандалии
ស្បែកជើងសង្រែក

ботинки
ស្បែកជើង

резиновые сапоги
ស្បែកជើងករវែងកៅស៊ូ

трусы
ខោទ្រនាប់បុរស

бюстгальтер
អាវទ្រនាប់

майка
អាវកាក់

боди

រាងកាយ

брюки

ខោវែង

джинсы

ខោខូវបិយ

юбка

សំពត់

блузка

អាវក្រណាត់

рубашка

អាវ

свитер

អាវយឺត

свитер

អាវយឺត

спортивная куртка

អាវធំ

жакет

អាវក្រណាត់

пальто

អាវធំ

плащ

អាវភ្លៀងរងៀង

костюм

គូររៀងតម

платье

អាវវែង

свадебное платье

សំលៀកបំពាក់អាពាហ៍ពិពាហ៍

мужской костюм

ខោអាវឈុត

ночная сорочка

រ៉ូបរាត្រី

пижама

ឈុតតង់

сари

សាវី

платок

កន្សែងជូតកុមាល

тюрбан

ថ្នូត

паранджа

សុបម៉េខ

кафтан

kaftan

абайя

abaya

купальник

ឈុតហាលែទឹក

плавки

ខោខ្លី

шорты

ខោខ្លី

спортивный костюм

ឈុតហាត់កីឡា

фартук

ភារអារៀម

перчатки

ស្រោមដៃ

пуговица

ឡ្យេរអាវ

очки

វ៉ែនតា

браслет

ខ្សដៃ

цепочка

ខ្សកេ

кольцо

ចិញ្ចេ}ន

серьга

ក្រវិល

шапка

មួក

вешалка

ប្រដាប់ព្យួរអាវក្រេ}

шляпа

មួក

галстук

ក្រវាត់ក

застежка молния

រូត

шлем

មួកសុវត្ថិភាព

подтяжки

ខ្សវៃ

школьная форма

ឯកសណ្ឋានសាលា

форма

ឯកសណ្ឋាន

детский нагрудник

អៀមទារក

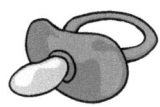

соска

រូបសំណាក

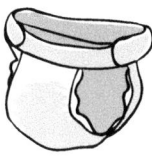

подгузник

ខោទឹកនោម

# офис

## ការិយាល័យ

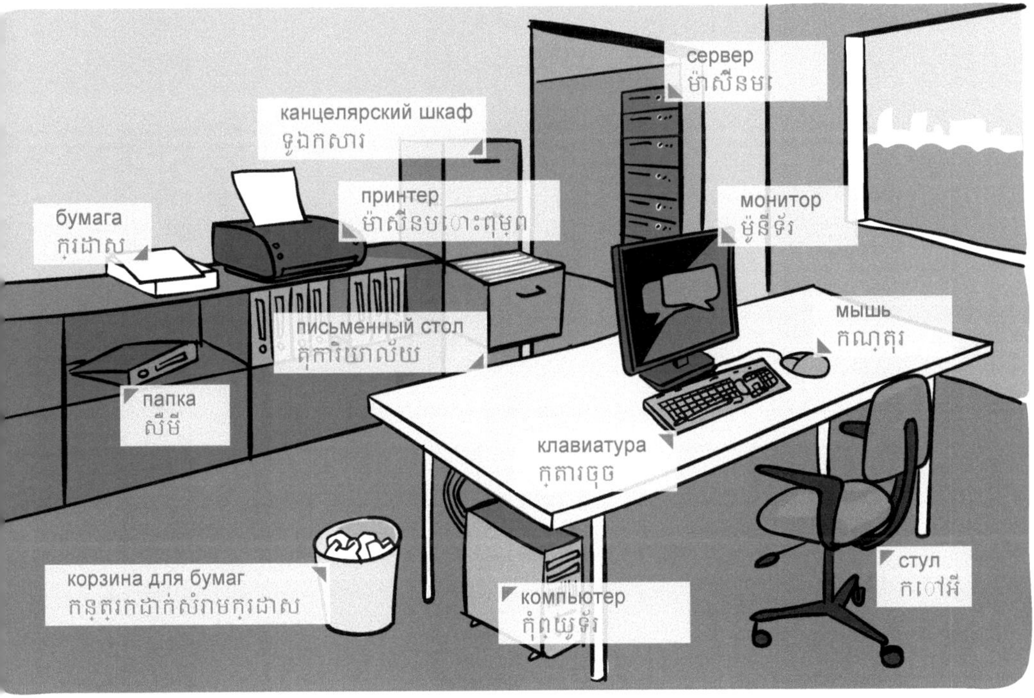

сервер
ម៉ាស៊ីនមេ

канцелярский шкаф
ទូឯកសារ

принтер
ម៉ាស៊ីនបោះពុម្ព

монитор
ម៉ូនីទ័រ

бумага
ក្រដាស

письменный стол
តុការិយាល័យ

мышь
កណ្ដុរ

папка
ស៊ីម៉ី

клавиатура
ក្ដារចុច

корзина для бумаг
កន្ត្រករដាក់សំរាមក្រដាស

компьютер
កុំព្យូទ័រ

стул
កៅអី

кофейная кружка

កំរៃកាហ្វេ

калькулятор

ម៉ាស៊ីនគិតលេខ

интернет

អ៊ីនធើណិត

ноутбук

កុំព្យូទ័រយួរដៃ

письмо

លិខិត

сообщение

សារ

мобильный телефон

ទូរស័ព្ទដៃ

сеть

បណ្តាញ

ксерокс

ម៉ាស៊ីនថតចម្លង

программа

ស៊ូហ្វវែរ

телефон

ទូរស័ព្ទ

розетка

រន្ធដោត

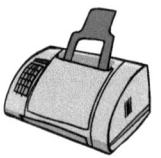

факс

ម៉ាស៊ីនទូរសារ

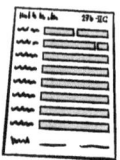

формуляр

ទម្រង់បែបបទ

документ

ឯកសារ

покупать

ទិញ

платить

បង់ប្រាក់

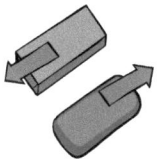

торговать

ធ្វើពាណិជ្ជន្ម

деньги

លុយ

доллар

ប្រាក់ដុល្លារ

евро

ប្រាក់អឺរ៉ូ

иена

ប្រាក់យ៉េន

рубль

ប្រាក់រូប៊ីល

франк

ហ្វ្រង់ស្វីស

жэньминьби юань

ប្រាក់យ៉ន

рупия

ប្រាក់រូពី

банкомат

កន្លែងប្រើសាច់ប្រាក់

пункт обмена валюты

ការឈ្លើយបូតូរបូរាក់

золото

មាស

серебро

ប្រាក់

нефть

ប្រេង

энергия

ថាមពល

цена

តម្លៃ

договор

កិច្ចសន្យា

налог

ពន្ធ

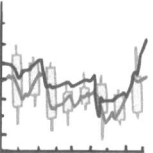

акция

ភាគហ៊ុន

работать

ធ្វើការ

служащий

បុគ្គលិក

работодатель

និយោជក

фабрика

រោងចក្រ

магазин

ហាង

# профессии
# មុខរបរ

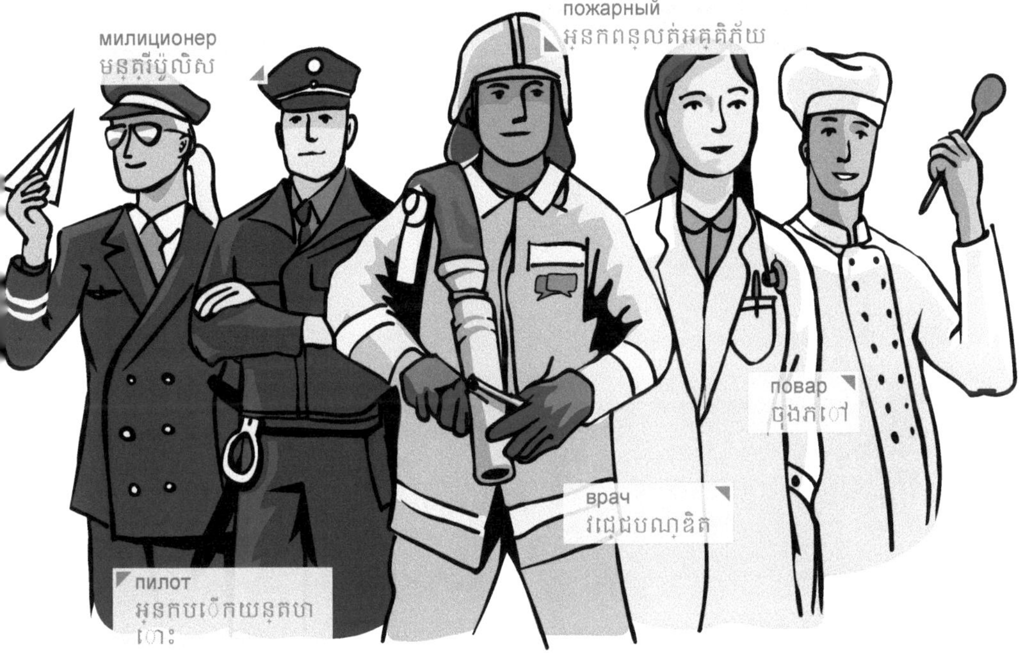
милиционер
មន្ត្រីប៉ូលិស
пожарный
អ្នកពន្លត់អគ្គិភ័យ
повар
ចុងភៅ
врач
វេជ្ជបណ្ឌិត
пилот
អ្នកបើកយន្តហោះ

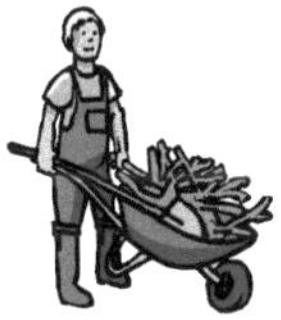

садовник

អ្នកថែសួន

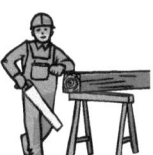

столяр

ជាងឈើ

швея

ជាងកាត់ដេរ

судья

ចៅក្រម

химик

គីមីវិទូ

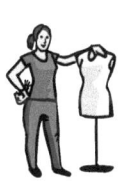

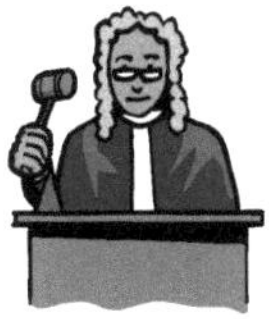

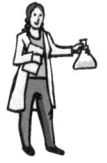

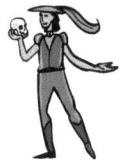

актёр

តួកុន

водитель автобуса

អ្នកបើកឡានក្រុង

таксист

អ្នកបើកតាក់ស៊ី

рыбак

អ្នកនេសាទ

уборщица

សុត្ថីអ្នកសម្អាត

кровельщик

ជាងដំបូល

официант

អ្នករត់តុ

охотник

អ្នកបរបាញ់សត្វ

художник

វិចិត្រករ

пекарь

អ្នកដុតនំ

электрик

ជាងអគ្គីសនី

строитель

ជាងសំណង់

инженер

វិស្វករ

мясник

អ្នកកាប់សាច់

сантехник

ជាងជួសជុលទុយោរទឹក

почтальон

អ្នករត់សំបុត្រ

солдат

ទាហាន

архитектор

ស្ថាបត្យករ

кассир

បេឡា

флорист

អ្នកលក់ផ្កា

парикмахер

អ្នកអ៊ិតសក់

кондуктор

អ្នកយកលុយ

механик

ជាងម៉ាស៊ីន

капитан

កាពីទែន

зубной врач

ពេទ្យធ្មេញ

ученый

អ្នកវិទ្យាសាស្ត្រ

раввин

គ្រូបង្រៀ ៀនច្បាប់សញ្ជាតិ
ជ្ីហ្វ

имам

លោកសង្ឃយចាម

монах

ព្រះសង្ឃយ

священник

បព្វជិត

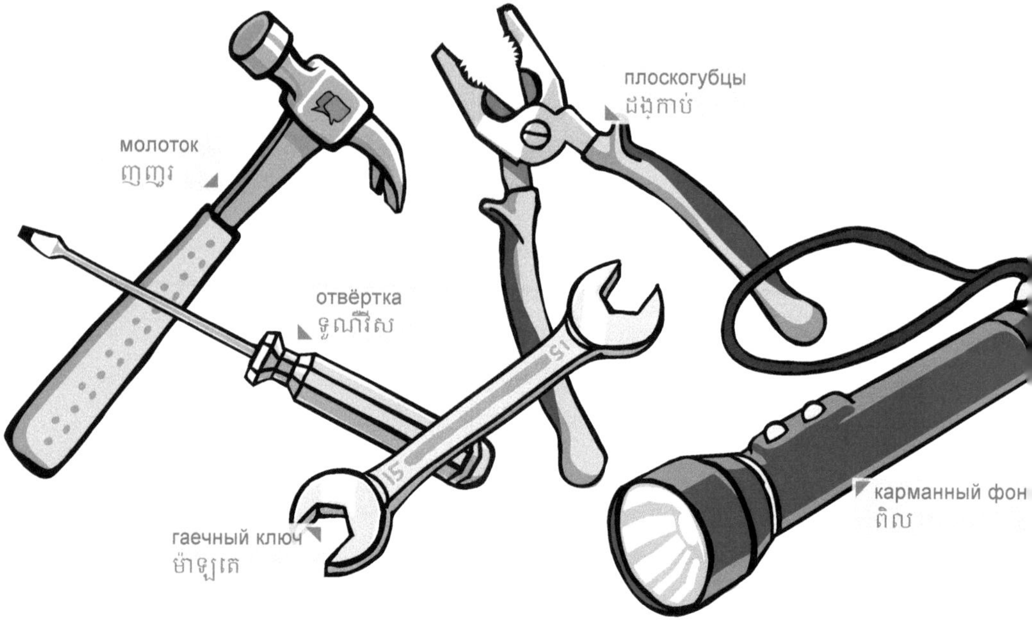

молоток
ញញួរ

плоскогубцы
ដង្កាប់

отвёртка
ទួណឺវិស

гаечный ключ
ម៉ាឡ្យគ្រែ

карманный фон
ពិល

экскаватор
ម៉ាស៊ីនជីក

ящик для инструментов
ប្រអប់ឧបករណ៍

стремянка
ជណ្តើរបី

пила
រណារ

гвозди
ដែកគោល

дрель
ប្រដាប់ស្វាន

ремонтировать

ជួសជុល

лопата

ប៉ែល

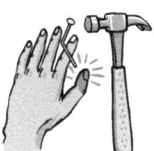

Блин!

ចង្រៃ!

совок

បុរដាប់ចូកធូលី

ведро с краской

ធុងថ្នាំពណ៌

винты

វីស

## музыкальные инструменты
## ឧបករណ៍តន្ត្រី

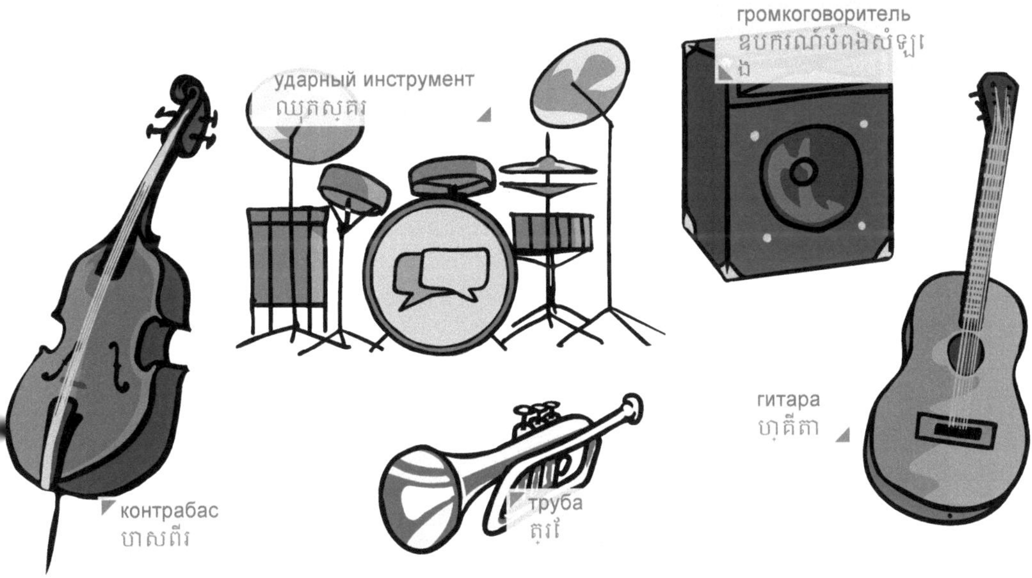

громкоговоритель
ឧបករណ៍បំពងសំឡេង

ударный инструмент
ឈុតសូរ

гитара
ហ្គ៊ីតា

контрабас
ហាសព័រ

труба
គ្រវ័រ

пианино

ពូយ៉ាណូ

скрипка

វីយ៉ូឡុង

бас-гитара

បាស

литавры

ស្គរពោសស្គូបកែមុយ៉ាង

барабан

ស្គរ

синтезатор

យ៉ីបត

саксофон

សាក់ស្គូហ្វូន

флейта

ខ្លុយ

микрофон

មីក្រូហ្វូន

тигр
សត្វខ្លា

вход
ច្រកចូល

клетка
ទ្រុង

зебра
សេះបង្កង់

корм
ការឱ្យចំណីសត្វ

панда
ខ្លាឃ្មុំផេនដា

животные

животные
សត្វ

слон

слон
សត្វដំរី

кенгуру

кенгуру
សត្វកង់ហ្គូរូ

носорог

носорог
សត្វរមាស

горилла

горилла
សត្វស្វាហ្គូរីល្លា

медведь

медведь
ខ្លាឃ្មុំពណ៌ត្នោត

верблюд

សត្វអូដ្ឋ

страус

សត្វអូទ្រីស

лев

សត្វតោ

обезьяна

ស្វា

фламинго

សត្វកុររៀល

попугай

សកេ

белый медведь

ខ្លាឃ្មុំតំបន់ប៉ូល

пингвин

ផេនឃ្វីន

акула

ត្រីឆ្លាម

павлин

ក្ងោក

змея

សត្វពស់

крокодил

ក្រពើ

служитель зоопарка

អ្នកក្សាសួនសត្វ

тюлень

ឆ្មាទឹក

ягуар

ខ្លារខិនមួយយ៉ាង

пони

ក្ងួនសេះ

леопард

ខ្លារខិន

бегемот

សត្វដេីរទឹក

жираф

សត្វករ៉ាផ

орёл

ឥន្ទ្រី

кабан

ជ្រូក

рыба

ត្រី

черепаха

អណ្តើក

морж

លៅមមច្ចា

лиса

កញ្ជ្រោង

газель

ក្ដាន់

американский футбол
កីឡាហាល់ទាត់អាមេរិក

езда на велосипеде
ការបុរណាំងគង់

теннис
កីឡាថេន្នីស

баскетбол
កីឡាហាល់បោះ

плавание
កីឡាហាលែទឹក

хоккей
កីឡាវាយកូនមាល់លើទឹក
កក

бокс
កីឡាប្រដាល់

футбол
កីឡាហាល់ទាត់

бадминтон
កីឡាវាយសី

лёгкая атлетика
អត្តពលកម្ម

гандбол
កីឡាហាល់កាន់

лыжный спорт
ការជិះស្គី

поло
ប៉ូម៉ូ

прыгать
លោត

смеяться
សើច

обнимать
ឱប

идти
ដើរ

петь
ច្រៀង

мечтать
សុបិន្ត

молиться
អធិស្ឋាន

целовать
ថើប

писать
សរសេរ

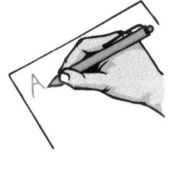

рисовать
គូរ

показывать
បង្ហាញ

нажимать
រុញ

давать
ឲ្យ

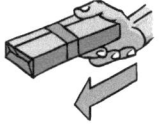

брать
យក

иметь

មាន

делать

ធ្វើ

быть

គឺ

стоять

ឈរ

бежать

រត់

тянуть

ទាញ

бросать

បោះ

падать

ធ្លាក់

лежать

កុហក

ждать

រង់ចាំ

носить

យួរ

сидеть

អង្គុយ

надевать

ស្លៀកពាក់

спать

ដេក

просыпаться

ភ្ញាក់ឡើង

рассматривать

មេីល

плакать

យំ

гладить

គូសវាស

причесывать

សិតសក់

говорить

និយាយ

понимать

យល់

спрашивать

សួរ

слушать

ស្តាប់

пить

ញ៉ឹក

кушать

បរិភោគ

наводить порядок

សម្អាត

любить

សុរលាញ់

готовить

ចម្អិន

ехать

បេីកបរ

летать

ហោះ

ходить под парусом

ចែកទូក

считать

គណនា

читать

អាន

учиться

រៀន

работать

ធ្វើការ

вступать в брак

រៀបការ

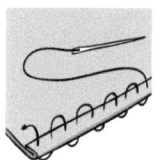

шить

ដេរ

чистить зубы

ដុសធ្មេញ

убивать

សម្លាប់

курить

ជក់

отправлять

ផ្ញើ

# семья
# ក្រុមគ្រួសារ

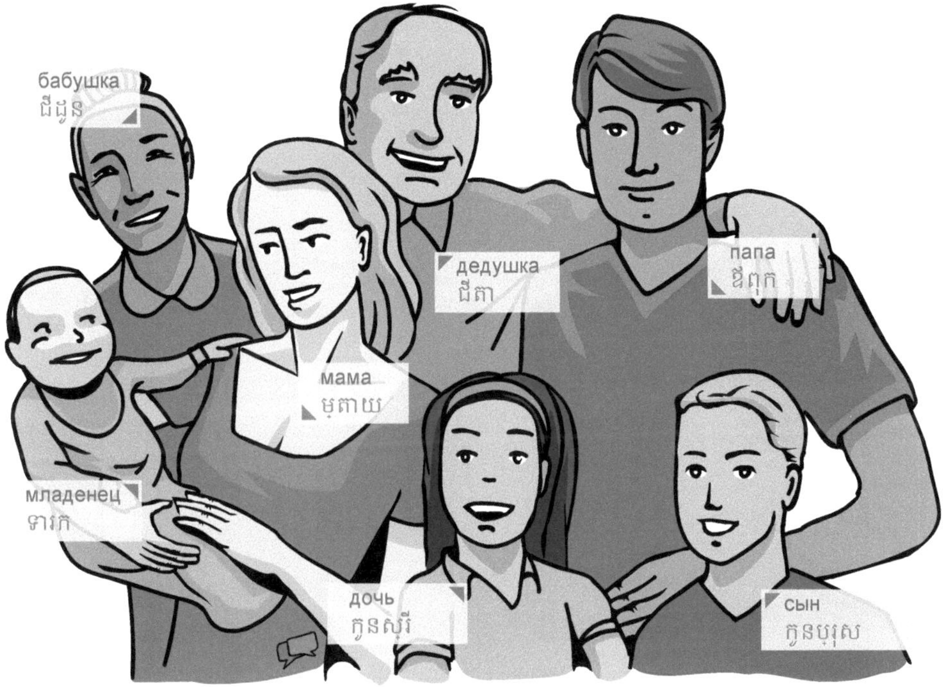

бабушка
ជីដូន
дедушка
ជីតា
папа
ឪពុក
мама
ម្តាយ
младенец
ទារក
дочь
កូនស្រី
сын
កូនប្រុស


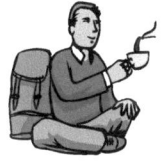

гость

ភ្ញៀវ

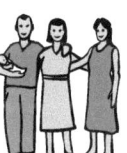

тетя

មីង

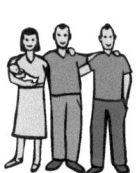

дядя

ពូ

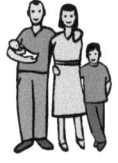

брат

បងប្អូនប្រុស

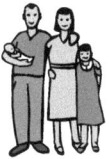

сестра

បងប្អូនស្រី

# тело
# រាងកាយ

лоб
ថ្ងាស
глаз
ភ្នែក
плечо
ស្មា
палец
ម្រាមដៃ
лицо
មុខ
подбородок
ចង្កា
кисть
ដៃ
грудь
សុដន់
нога
ជើង
рука
ដៃ

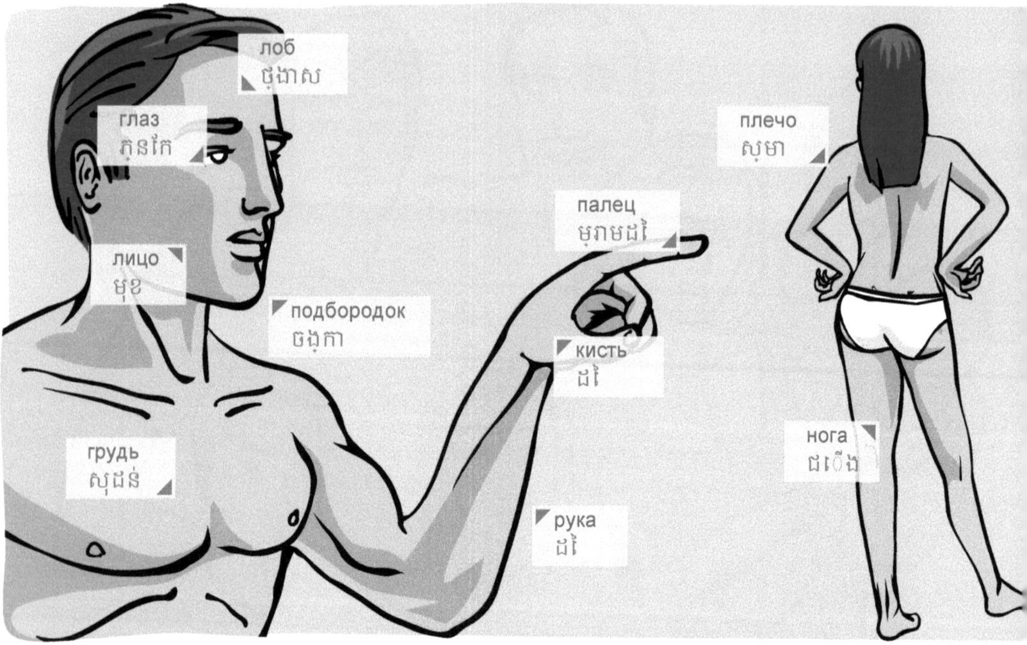

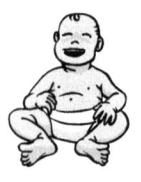

младенец

ទារក

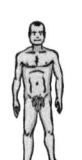

мужчина

បុរស

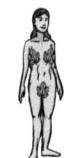

женщина

ស្ត្រី

девочка

ក្មេងស្រី

мальчик

ក្មេងប្រុស

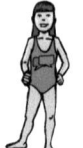

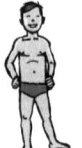

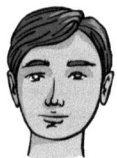

голова

ក្បាល

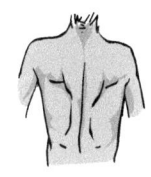

спина

ខ្នង

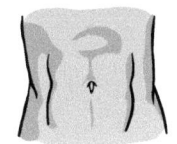

живот

ពោះ

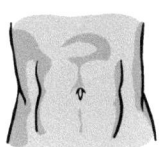

пупок

ផ្ចិត

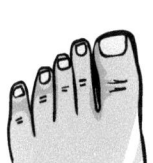

палец ноги

ម្រាមជើង

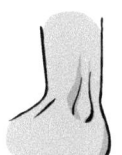

пятка

កែងជើង

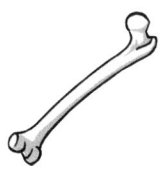

кость

ឆ្អឹង

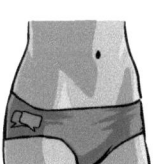

бедро

គូទគោក

колено

ជង្គង់

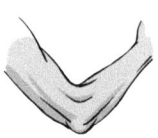

локоть

កែងដៃ

нос

ច្រមុះ

ягодицы

គូទ

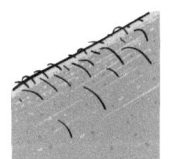

кожа

ស្បែក

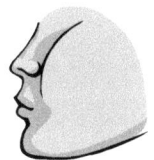

щека

ថ្ពាល់

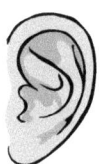

ухо

ត្រចៀក

губа

បបូរមាត់

рот

មាត់

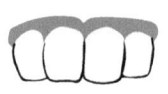

зуб

ធ្មេញ

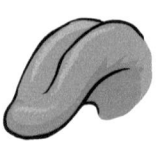

язык

អណ្ដាត

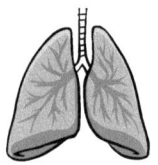

мозг

ខួរក្បាល

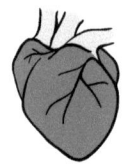

сердце

បេះដូង

мышца

សាច់ដុំ

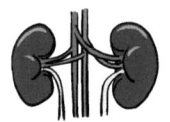

лёгкое

សួត

печень

ថ្លើម

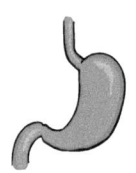

желудок

ក្រពះ

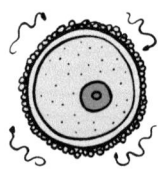

почки

តម្រងនោម

половой акт

ការរួមភេទ

презерватив

ស្រោមអនាម័យ

яйцеклетка

អូវុល

сперма

ទឹកកាម

беременность

ការមានផ្ទៃពោះ

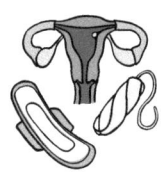

менструация

មករដូវ

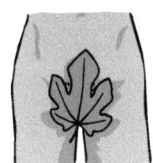

вагина

ទ្វារមាស

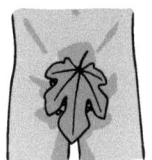

пенис

លិង្គ

бровь

ចិញ្ចើមភ្នែក

волосы

សក់

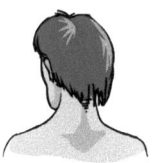

шея

ក

# больница
# មន្ទីរពេទ្យ

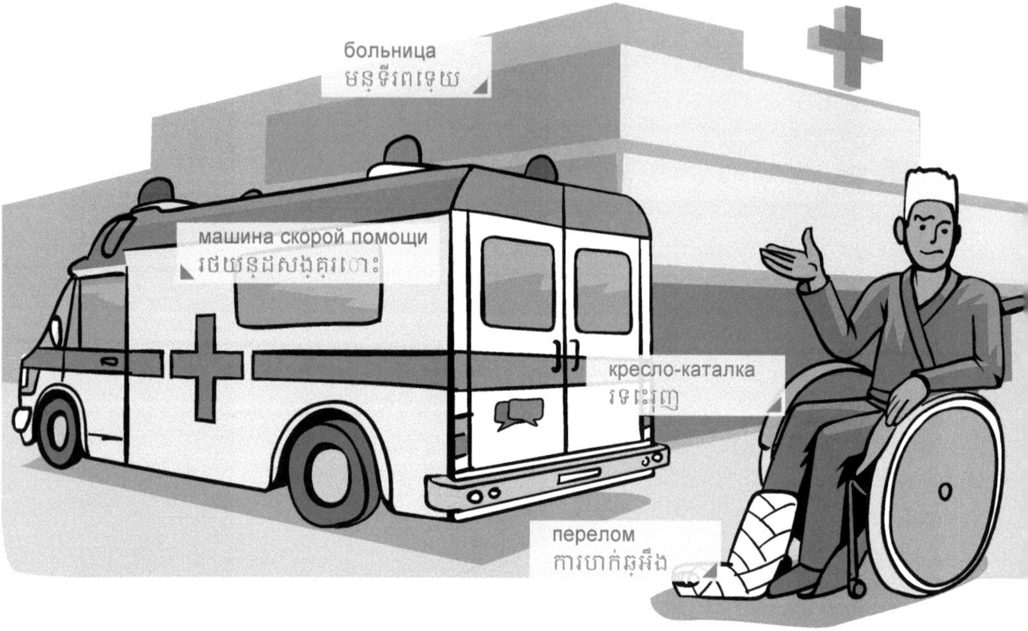

больница
មន្ទីរពេទ្យ
машина скорой помощи
រថយន្តសង្គ្រោះ
кресло-каталка
រទេះរុញ
перелом
ការបាក់ឆ្អឹង


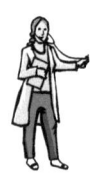

врач

វេជ្ជបណ្ឌិត

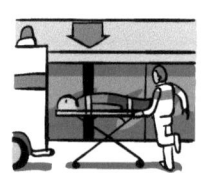

пункт первой помощи

បន្ទប់សង្គ្រោះបន្ទាន់

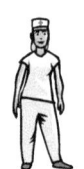

медсестра

គិលានុបដ្ឋាយិកា

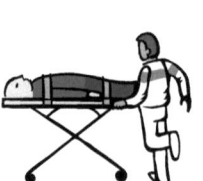

неотложный случай

សង្គ្រោះបន្ទាន់

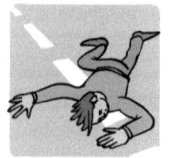

без сознания

សន្លប់

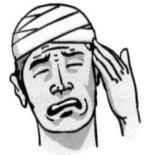

боль

ការឈឺចាប់

повреждение

ការរងរបួស

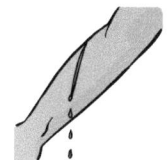

кровотечение

ការហូរឈាម

инфаркт

គាំងបេះដូង

инсульт

ជម្ងឺដាច់សរសៃឈាមក្នុង
ក្បាល

аллергия

អាលែកហ្សី

кашель

ក្អក

повышенная температура

ជម្ងឺគ្រុន

грипп

ជម្ងឺផ្តាសាយ

понос

ជម្ងឺរាគរូស

головная боль

ឈឺក្បាល

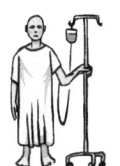

рак

ជម្ងឺមហារីក

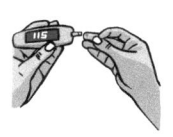

диабет

ជម្ងឺទឹកនោមផ្អែម

хирург

គ្រូពេទ្យវះកាត់

скальпель

កាំបិតវះកាត់

операция

បុរតិបត្ដិការ

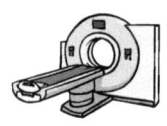

КТ
CT

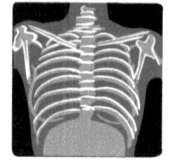

рентген
ការស្មើអ៊ិច

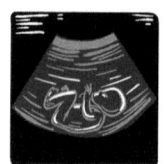

ультразвук
អកេ្ត

маска
របាំងមុខ

болезнь
ជំងឺ

приёмная
បង្ចាំបន្ទប់

костыль
ឈរ់ឈើរគត់

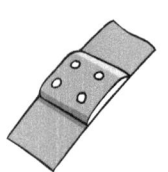

пластырь
ម្នាងសិលា

бинт
បង់រុំ

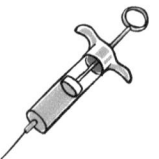

укол
ការចាក់ថ្នាំ

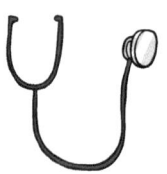

стетоскоп
ស្តេតូកេ្ត

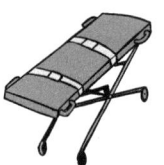

носилки
សូនដែងរបូស

термометр
ទែម៉ូម៉ែត្រពេទ្យយាបាល

рождение
កំណើត

избыточный вес
លរើសទម្ងន់

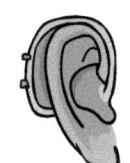

слуховой аппарат

ឧបករណ៍ជំនួយការស្ដាប់

дезинфекционное средство

សារធាតុសម្លាប់មេរោគ

инфекция

ការឆ្លងមេរោគ

вирус

មេរោគ

ВИЧ / СПИД

មេរោគអេដស៍ / ជំងឺអេដស៍

лекарство

ថ្នាំពេទ្យ

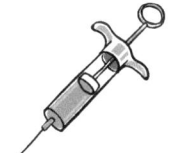

прививка

ការចាក់ថ្នាំបង្ការ

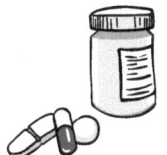

таблетки

ថ្នាំគ្រាប់

противозачаточная таблетка

ថ្នាំគុមរាប់

экстренный вызов

ការហៅពេលអាសន្ន

прибор для измерения кровяного давления

ឧបករណ៍វិនិច្ឆ័យសម្ពាធឈាម

больной / здоровый

ឈឺ / មានសុខភាពល្អ

Помогите!

ជំនួយ!

сигнал тревоги

សំឡេងរោទ៍

нападение

ការវាយលុក

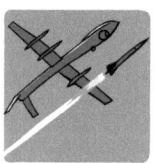

атака

ការវាយប្រហារ

опасность

គ្រោះថ្នាក់

запасной выход

ច្រកចេញគ្រោះអាសន្ន

Пожар!

អគ្គីភ័យ!

огнетушитель

បំពង់ពន្លត់អគ្គិភ័យ

несчастный случай

គ្រោះថ្នាក់

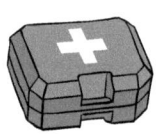

аптечка

ឧបករណ៍ជំនួយបឋម

SOS

SOS

милиция

ប៉ូលិស

Европа

អឺរ៉ុប

Северная Америка

អាមេរិកខាងជើង

Южная Америка

អាមេរិកខាងត្បូង

Африка

អាហ្រ្វិក

Азия

អាស៊ី

Австралия

អូស្រ្តាលី

Атлантический океан

អាត្លង់ទិច

Тихий океан

ប៉ាស៊ីហ្វិក

Индийский океан

មហាសមុទ្រឥណ្ឌា

Антарктический океан

មហាសមុទ្រអង់តាក់ទិច

Северный Ледовитый океан

មហាសមុទ្រអាកទិច

Северный полюс

ប៉ូលខាងជើង

Южный полюс

ប៉ូលខាងត្បូង

Антарктика

អង់តាកទិក

земля

ផែនដី

суша

ដីគោក

море

សមុទ្រ

остров

កោះ

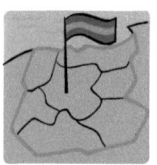

нация

ប្រទេសជាតិ

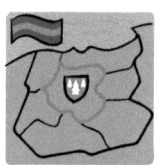

государство

រដ្ឋ

циферблат

មុខនាឡិកា

часовая стрелка

ទ្រនិចម៉ោង

минутная стрелка

ទ្រនិចនាទី

секундная стрелка

ទ្រនិចវិនាទី

Который час?

ម៉ោងប៉ុន្មាន?

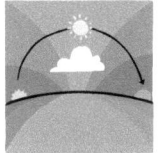

день

ថ្ងៃ

время

ពេលវេលា

сейчас

ឥឡូវនេះ

электронные часы

នាឡិកាឌីជីថល

минута

នាទី

час

ម៉ោង

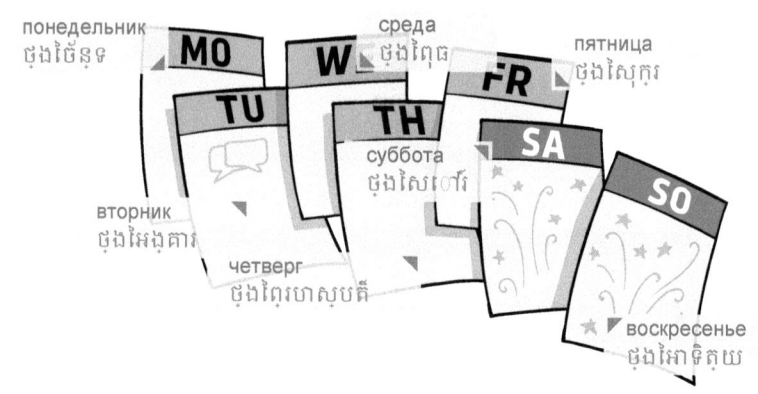

понедельник
ថ្ងៃច័ន្ទ

среда
ថ្ងៃពុធ

пятница
ថ្ងៃសុក្រ

вторник
ថ្ងៃអង្គារ

суббота
ថ្ងៃសៅរ៍

четверг
ថ្ងៃព្រហស្បតិ៍

воскресенье
ថ្ងៃអាទិត្យ

вчера
មុសិលមិញ

сегодня
ថ្ងៃនេះ

завтра
ថ្ងៃស្អែក

утро
ព្រឹក

полдень
ថ្ងៃត្រង់

вечер
ល្ងាច

рабочие дни
ថ្ងៃធ្វើការ

выходные
ថ្ងៃសប្តាហ៍

дождь
ទឹកភ្លៀងរៀង

радуга
ពន្លឺធ្នូ

ветер
ខ្យល់

снег
ព្រិល

весна
និទាឃរដូវ

осень
រដូវស្លឹកឈើជ្រុះ

лето
រដូវក្ដៅ

зима
រដូវរងារ

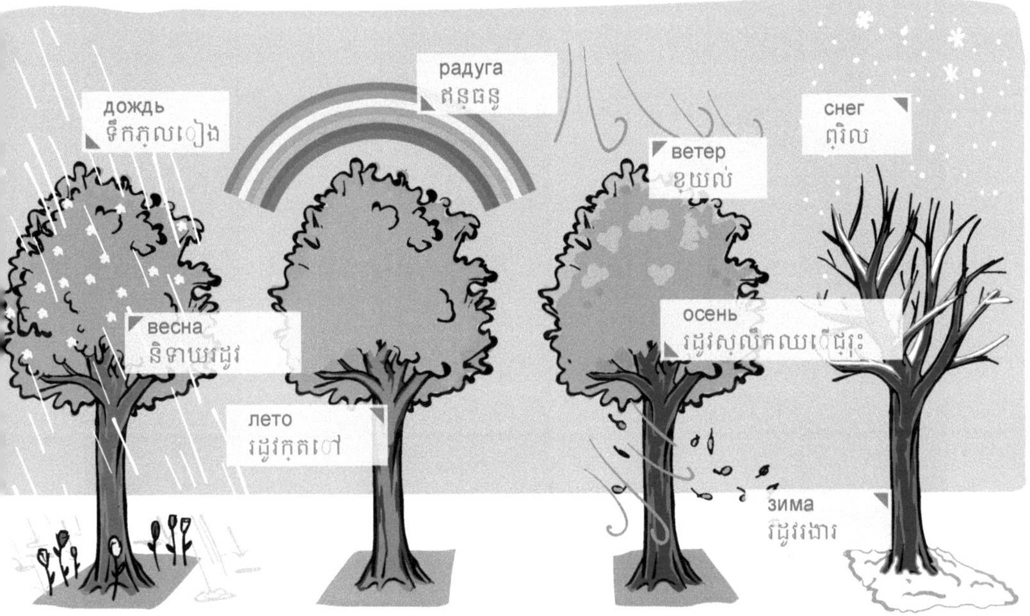

прогноз погоды

ការព្យាករណ៍អាកាសធាតុ

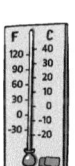

термометр

ទែម៉ូម៉ែត្រ

солнечный свет

ពន្លឺថ្ងៃ

туча

ពពក

туман

អ័ព្ទ

влажность воздуха

សំណើម

молния

នេ្ទទះ

гром

ផ្គរ

буря

ព្យុះ

град

ព្រិល

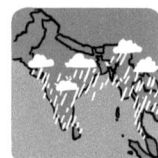

муссон

ខ្យល់មូសុង

наводнение

ទឹកជំនន់

лёд

ទឹកកក

январь

ខែមករា

февраль

ខែកុម្ភៈ

март

ខែមីនា

апрель

ខែមេសា

май

ខែឧសភា

июнь

ខែមិថុនា

июль

ខែកក្កដា

август

ខែសីហា

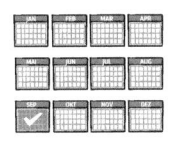

сентябрь

ខែកញ្ញា

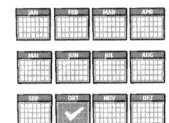

октябрь

ខែតុលា

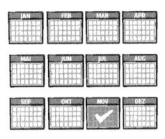

ноябрь

ខែវិច្ឆិកា

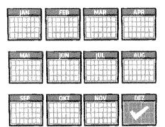

декабрь

ខែធ្នូ

# формы
## រាង

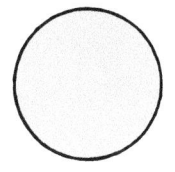

круг

រង្វង់

квадрат

ការេ

прямоугольник

ចតុកោណកែង

треугольник

ត្រីកោណ

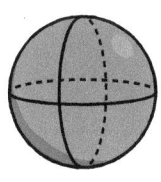

шар

ស្វ៊ែរ

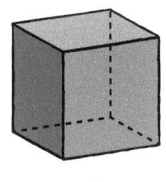

куб

គូប

белый

ពណ៌ស

желтый

ពណ៌លឿង

оранжевый

ពណ៌ទឹកក្រូច

розовый

ពណ៌ផ្កាឈូក

красный

ពណ៌ក្រហម

лиловый

ពណ៌ស្វាយ

синий

ពណ៌ខៀវ

зелёный

ពណ៌បៃតង

коричневый

ពណ៌ទឹកក្រូច

серый

ពណ៌ប្រផេះ

черный

ពណ៌ខ្មៅ

много / мало

ចុរ៉ើន / តិចតួច

яростный / мирный

ខឹង / គួរជាក់ចិត្ត

красивый / уродливый

សួរស់សួអាត / អាករក់

начало / конец

ចាប់ផ្ដុតើម / បញ្ចប់

большой / маленький

ធំ / តូច

светлый / темный

ភ្លឺ / ងង឵ត

брат / сестра

បងប្អូនបុរស / បងប្អូនស្រី

чистый / грязный

សួអាត / កខ្វក់

полный / неполный

ពេញលេញ / មិនពេញលេញ

день / ночь

ថ្ងៃ / យប់

мёртвый / живой

ស្លាប់ / នៅរស់

широкий / узкий

ធំទូលាយ / តូចចង្អៀត

съедобный / несъедобный

អាចបរិភោគបាន /
មិនអាចបរិភោគបាន

злой / дружелюбный

ចិត្តអាក្រក់ / ចិត្តល្អ

взволнованный /
скууающий

ការរំភើបចិ / អំផ្សុក

толстый / худой

ធាត់ / ស្គម

сначала / в конце

ដំបូង / ចុងក្រោយ

друг / враг

មិត្តភក្កតិ / សត្រូវ

полный / пустой

ពេញ / ទទេ

твёрдый / мягкий

រឹង / ទន់

тяжёлый / легкий

ធ្ងន់ / ស្រាល

голод / жажда

ភាពឃ្លានបាន /
ការស្រេកឃ្លានបាន

больной / здоровый

ឈឺ / មានសុខភាពល្អ

незаконный / законный

ខុសច្បាប់ / ត្រូវច្បាប់

умный / глупый

ឆ្លាតវៃ / ឆ្កួត

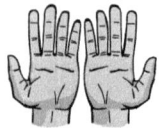

слева / справа

ឆ្វេង / ស្តាំ

близко / далеко

ជិត / ឆ្ងាយ

новый / подержанный

ថ្មី / ហានបួរេី

ничто / нечто

គ្មានអ្វីសោះ / អ្វីមួយ

старый / молодой

ចាស់ / ក្មេង

включено / выключено

បេីក / បិទ

открыто / закрыто

បេីក / បិទ

тихо / громко

សុងប់សុងាត់ / ឮខ្លាំង

богатый / бедный

មាន / ក្រ

правильный /
неправильный

ត្រូវ / ខុស

шероховатый / гладкий

គ្រេីម / លេាង

печальный / счастливый

ពិបាកចិត្ត / សប្បាយចិត្ត

короткий / длинный

ខ្លី / វែង

медленный / быстрый

យឺត / លេឿន

мокрый / сухой

សេីម / សុង្គត

тёплый / прохладный

កុតៅ / ត្ររជាក់

война / мир

សង្គ្រាម / សន្តិភាព

**0**

ноль

ស៊ូន្យ

**1**

один

មួយ

**2**

два

ពីរ

**3**

три

បី

**4**

четыре

បួន

**5**

пять

ប្រាំ

**6**

шесть

ប្រាំមួយ

**7**

семь

ប្រាំពីរ

**8**

восемь

ប្រាំបី

**9**

девять

ប្រាំបួន

**10**

десять

ដប់

**11**

одиннадцать

ដប់មួយ

## 12
двенадцать
ដប់ពីរ

## 13
тринадцать
ដប់បី

## 14
четырнадцать
ដប់បួន

## 15
пятнадцать
ដប់ប្រាំ

## 16
шестнадцать
ដប់ប្រាំមួយ

## 17
семнадцать
ដប់ប្រាំពីរ

## 18
восемнадцать
ដប់ប្រាំបី

## 19
девятнадцать
ដប់ប្រាំបួន

## 20
двадцать
ម្ភៃ

## 100
сто
រយ

## 1.000
тысяча
ពាន់

## 1.000.000
миллион
លាន

английский

អង់គ្លេស

американский английский

អង់គ្លេសអាមេរិក

мандаринский китайский

ចិនកុកងឺ

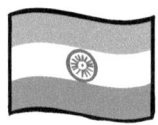

хинди

ហិណ្ឌូ

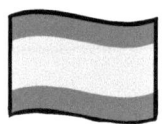

испанский

អេស្ប៉ាញ

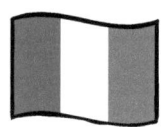

французский

ហ្វាំង

арабский

អារ៉ាប់

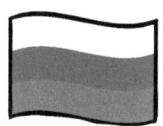

русский

រុស្សី

португальский

ព័រទុយហ្គាល់

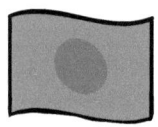

бенгальский

បង់ក្លាដេស

немецкий

អាល្លឺម៉ង់

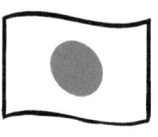

японский

ជប៉ុន

я

ខ្ញុំ

ты

អ្នក

он / она / оно

គាត់ / នាង / វា

мы

យើង

вы

អ្នក

они

ពួកគេហាន

кто?

នរណា?

что?

អ្វី?

как?

របៀបណា?

где?

កន្លែងណា?

когда?

ពេលណា?

имя

ឈ្មោះ

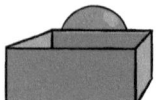

за

ពីក្រោយ

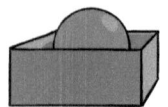

в

ក្នុង

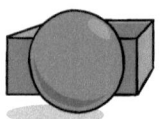

перед

ពីមុខ

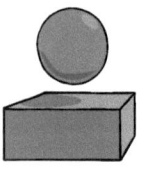

над

ពីលើ

на

នៅលើ

под

នៅក្រោម

рядом

នៅក្បែរ

между

រវាង

место

កន្លែង